SIMPLES

PSICOLOGIA

GLOBO LIVROS

DK LONDRES
Editora de Projetos Rose Blackett-Ord
Editor de Arte Sênior Phil Gamble
Editores Andrew Szudek, Kathryn Hill, Joanna Edwards
Designer Daksheeta Pattni
Editor-Chefe Gareth Jones
Editor de Arte Chefe Sênior Lee Griffiths
Editor de Produção Gillian Reid
Controle de Produção Sênior Rachel Ng
Chefe de Desenvolvimento de Design de Capa Sophia M.T.T.
Designer de Capa Akiko Kato
Diretora Editorial Associada Liz Wheeler
Diretora de Arte Karen Self
Diretor Editorial Jonathan Metcalf

GLOBO LIVROS

Editora responsável Amanda Orlando
Editor-Assistente Renan Castro
Assistente editorial Camila Novaes Maia
Tradução Regiane Winarski
Preparação Fernanda Marão
Diagramação Douglas Watanabe
Revisão Vivian Sbravatti
Revisão Técnica Dayane Moraes

Publicado originalmente no Reino Unido em 2023 por Dorling Kindersley Limited DK, 20 Vauxhall Bridge Road, London, SW1V 2SA

1ª edição, 2025.
Impresso na Coan em agosto de 2025.

CIP-BRASIL. CATALOGAÇÃO NA PUBLICAÇÃO
SINDICATO NACIONAL DOS EDITORES DE LIVROS, RJ

S621
Simples psicologia / Merrin Lazyan ... [et al.]; [tradução Regiane Winarski]. – 1. ed. – Rio de Janeiro: Globo Livros, 2025.
160 p. : il. (Simples)

Tradução de: *Simply psychology*
Inclui índice
ISBN 978-65-5987-267-1

1. Psicologia. 2. Psicologia evolutiva. 3. Corpo e mente. 4. Psicoterapia. 5. Psiquiatria. I. Lazyan, Merrin. II. Winarski, Regiane. III. Série.

CDD: 150
25-99265.0 CDU: 159.9

Carla Rosa Martins Gonçalves – Bibliotecária – CRB-7/4782

CONSULTORA

Merrin Lazyan é produtora de rádio e de podcasts, desenvolvedora de conteúdo, escritora e editora. Ela estudou psicologia em Harvard e trabalhou em vários livros sobre inúmeros assuntos.

COLABORADORES

Steve Parker tem diploma First Class Honours em Zoologia e é Senior Scientific Fellow da Zoological Society. Ele já escreveu extensivamente sobre biologia humana, principalmente o papel do cérebro nos instintos, emoções e aprendizagem, assim como outros aspectos do comportamento.

Nancy Sachar Sidhu é psicóloga clínica em Chester, Nova Jersey, com diplomas da Universidade da Pensilvânia e da California School of Professional Psychology. Ela atende crianças, adolescentes e adultos em um consultório particular.

Andrew Szudek é escritor e editor e estudou filosofia em Cambridge, com especialização na filosofia da mente.

Victoria Uwannah é psicóloga e fez doutorado na Universidade de Surrey. Ela trabalha em um consultório particular, onde oferece terapia para indivíduos e casais.

Marcus Weeks estudou música e filosofia na universidade e trabalhou como professor, restaurador de piano e músico antes de embarcar na carreira de escritor. Ele é autor e colaborador de inúmeros livros sobre filosofia, psicologia e artes.

SUMÁRIO

CRESCIMENTO E DESENVOLVIMENTO

O EU E A SOCIEDADE

PENSAMENTOS E PROCESSOS

TRANSTORNOS E TERAPIAS

IDENTIDADE E DIFERENÇA

O QUE É PSICOLOGIA?

A psicologia pode ser descrita como o estudo científico da mente e do comportamento humano, mas isso dificilmente faz justiça ao assunto. Nós humanos somos fascinados pela forma como nossa mente funciona e por que nos comportamos como nos comportamos desde a época dos filósofos gregos antigos. Na verdade, o termo "psicologia" tem origem na palavra *psique*, que significa tanto a "alma" quanto a "mente".

Até recentemente, o estudo das mentes era um ramo da filosofia. A psicologia só foi reconhecida como ciência perto do fim do século XIX, quando os psicólogos experimentais encontraram formas de aplicar métodos científicos às suas pesquisas. Essa nova ciência se desenvolveu mais ou menos ao mesmo tempo que os avanços na psicologia e na neurociência, o que ofereceu explicações para como nosso cérebro e nosso sistema nervoso funcionam. A psicologia acabou com a lacuna entre essas explicações físicas e as várias teorias dos filósofos sobre a mente.

Conforme a psicologia se desenvolveu, ela começou a dividir espaço com outras disciplinas, inclusive as ciências sociais, a medicina e a educação. Ramos diferentes da psicologia surgiram, cada um lidando com aspectos diferentes do assunto, como psicologia do desenvolvimento (p. 44-65), psicologia social (p. 66-85) e psicologia da diferença (p. 140-155). Outras esferas lidavam especificamente com o diagnóstico e o tratamento de transtornos psicológicos (p. 106-139). Hoje, com o benefício da tecnologia de imagens do cérebro, tornou-se possível estudar processos mentais e estados como a consciência, que antes os pesquisadores consideravam estar fora do escopo do estudo científico.

A psicologia oferece ao mundo teorias e descobertas que ajudam a explicar o que faz os seres humanos agirem como agem. Suas aplicações práticas mudaram nossas vidas e, em particular, a forma como a sociedade vê a saúde mental. Nossa curiosidade sobre nós mesmos é aparentemente insaciável, e a psicologia continua produzindo compreensões novas sobre a mente e o comportamento humanos.

ESTUD

A

MENTE

A N D O

No século XIX, os psicólogos começaram a usar o método científico (a execução de experimentos controlados e repetíveis) para entender o funcionamento da mente humana. Alguns se concentraram na natureza da experiência (como percebemos e pensamos sobre o mundo), enquanto outros, conhecidos como "behavioristas", estudavam o comportamento (como interagimos com o mundo). Um terceiro grupo desenvolveu a "teoria psicanalítica", que propôs que muitos pensamentos e comportamentos são influenciados por motivações e emoções inconscientes. Mais tarde, os psicólogos "humanistas" argumentaram que cada um de nós é único e só pode ser entendido em termos da própria experiência subjetiva.

MENTE E CORPO

Ao longo da história, a maioria das sociedades distinguiu entre o corpo físico e a mente. Na Grécia antiga, o filósofo Platão argumentava que a "psique", ou mente, é conectada ao "reino eterno das formas": um mundo que não conseguimos perceber com nossos sentidos, mas do qual tiramos todas as ideias sobre realidade. Conhecida como dualismo, essa ideia de que a mente é separada do corpo era defendida pelo filósofo René Descartes, do século XVII, e ainda é popular hoje.

"Mente e alma... são completamente diferentes do corpo."
René Descartes

Interação mente-corpo
Os dualistas alegam que a mente e o corpo são duas coisas diferentes, mas não conseguem explicar como eles interagem.

SÓ MATÉRIA

Os filósofos da Grécia antiga foram os primeiros cientistas. Muitos deles eram dualistas (p. 10), mas alguns acreditavam que a única coisa que existe é a matéria física. Demócrito, por exemplo, alegava que a psique é composta de partículas físicas chamadas "átomos de fogo", que dão vida à matéria inanimada. Conhecida como fisicalismo, essa ideia foi reformulada pelo filósofo Thomas Hobbes, no século XVII, ao argumentar que a mente não passava do cérebro em ação.

"Não existe nada além de átomos e espaço vazio..."
Demócrito

O corpo em funcionamento
Para os fisicalistas, a pergunta de como a mente interage com o corpo não existe, pois eles argumentam que ambos são feitos de matéria.

Fontes da alma
Platão associava razão, espírito e apetite (as três partes da "alma") com o cérebro, o coração e o estômago, respectivamente.

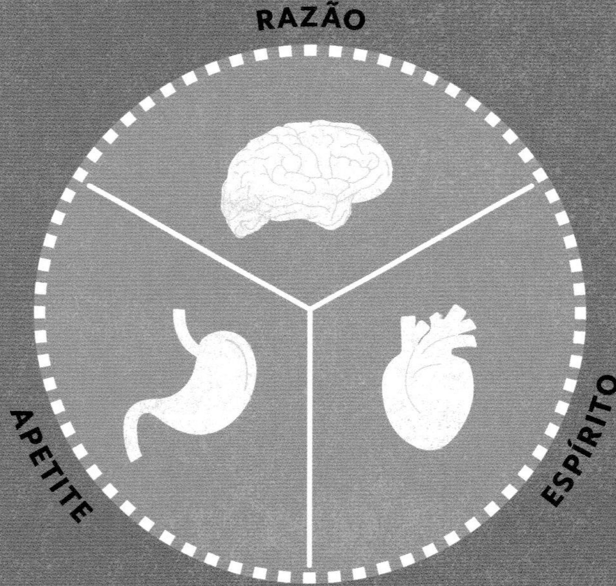

DIVISÕES INTERNAS

Em *República*, Platão (p. 10) divide a "alma", ou a mente, em três partes: razão, espírito e apetite. A razão nos dá a habilidade de pensar e fazer avaliações racionais. O espírito é nossa força vital e nos permite agir com coragem. O apetite é o desejo, que é controlado usando a razão. Para Platão, uma pessoa saudável mantém os três elementos em equilíbrio. Mais de dois mil anos depois, Sigmund Freud dividiu a mente em três categorias similares (p. 22).

NATUREZA OU CRIAÇÃO?

Em 1875, Francis Galton criou a expressão "natureza ou criação". "Natureza" se refere aos traços determinados geneticamente, herdados dos pais biológicos. "Criação" se refere à forma como fomos criados, ao ambiente e às experiências de vida. Galton investigou como esses dois tipos de influência modelam a personalidade estudando gêmeos com genes quase idênticos, mas que tinham crescido em ambientes diferentes. Algumas das conclusões dele são vistas como profundamente problemáticas, e pesquisadores ainda discutem qual aspecto tem uma maior influência no nosso desenvolvimento: natureza ou criação?

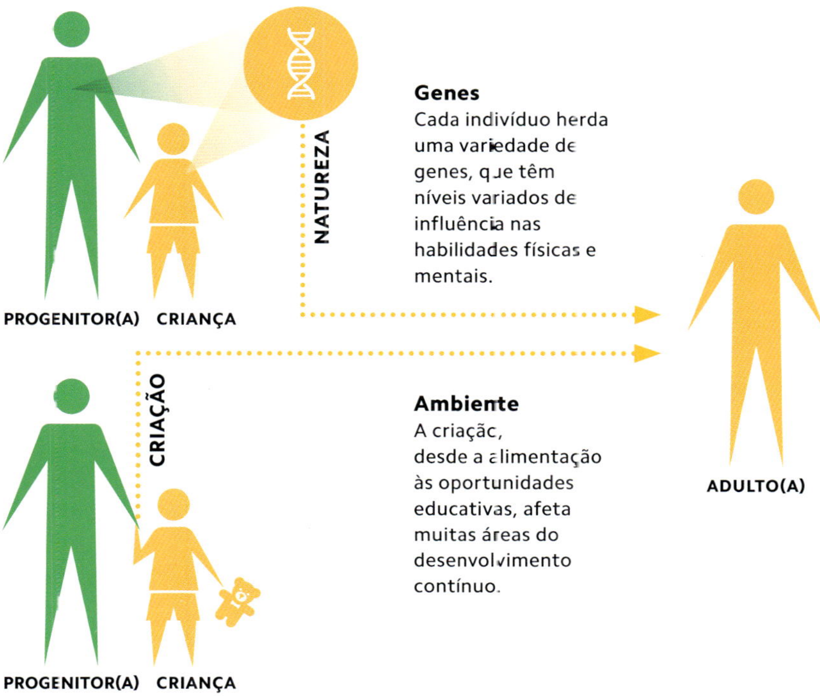

EXCESSOS EMOCIONAIS

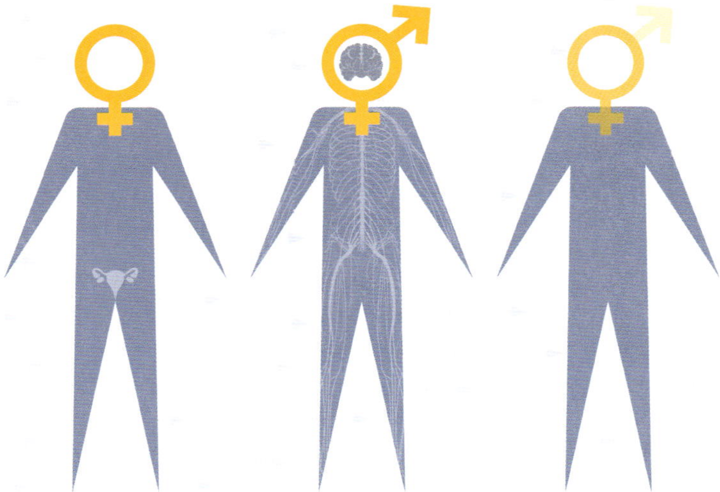

Biológicos
Até o século XIX, as pessoas acreditavam que a "histeria", do grego *hystera* (útero), se originava no útero e só afetava mulheres.

Neurológicos
Charcot fez avanços na compreensão do sistema nervoso e achava que os transtornos mentais eram resultado de problemas neurológicos.

Psicológicos
Freud alegava que os transtornos mentais têm causas psicológicas e não físicas – mas ele ainda as ligava a sexualidade e gênero.

Alguns dos primeiros diagnósticos clínicos de transtornos mentais foram feitos por médicos egípcios e gregos da Antiguidade. Eles acreditavam que certas condições emocionais ou comportamentais anormais eram específicas das mulheres e as atribuíam a problemas do útero. Explicações alternativas surgiram durante o século XIX, com o trabalho de neurologistas como Jean-Martin Charcot. Entretanto, no final do século XIX, Sigmund Freud (p. 22) propôs que os transtornos mentais que eram conhecidos coletivamente como "histeria" tinham, de fato, origem psicológica e não física. As teorias dele revolucionaram o tratamento desses problemas.

PADRÕES EM COMUM

"DEMENTIA PRAECOX"

No século XVIII e no começo do século XIX, os médicos descreviam doenças mentais usando termos amplos como "histeria" (p. 14) ou "insanidade". Os primeiros psiquiatras procuraram desenvolver um sistema de classificação com mais nuances e identificaram muitos transtornos pelos sintomas. Em 1899, Emil Kraepelin sugeriu uma nova forma de definir e classificar transtornos mentais: agrupando-os de acordo com padrões comuns de sintomas observados ao longo do tempo, não só por sintomas individuais.

SINTOMAS EM COMUM

Kraepelin dividiu as doenças mentais em duas classes principais: "*dementia praecox*" (mais tarde chamada de "esquizofrenia") e "depressão maníaca" (incluindo o que agora é chamado de "transtorno bipolar", além de outros transtornos emocionais). Essas classes de transtornos muitas vezes têm sintomas em comum, mas Kraepelin reconheceu que cada um também tem seus padrões próprios de sintomas. O trabalho dele teve grande influência nos métodos de definição de transtornos mentais do século XX.

"DEPRESSÃO MANÍACA"

OLHANDO PARA DENTRO

ESTÍMULO

Wundt apresentou um estímulo, como uma chama de vela ou um metrônomo, que foi escolhido para provocar uma série de reações mentais.

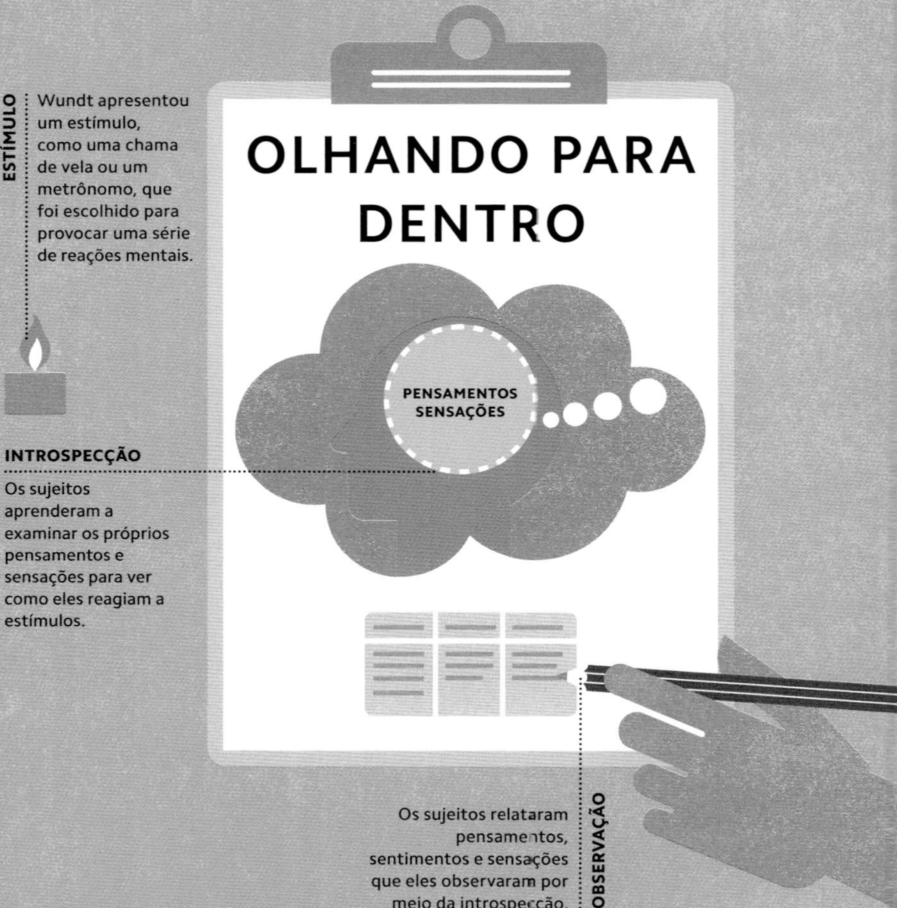

INTROSPECÇÃO

Os sujeitos aprenderam a examinar os próprios pensamentos e sensações para ver como eles reagiam a estímulos.

OBSERVAÇÃO

Os sujeitos relataram pensamentos, sentimentos e sensações que eles observaram por meio da introspecção.

Em 1879, Wilhelm Wundt montou o primeiro laboratório experimental de psicologia. Nele, tentou analisar o funcionamento da mente humana. O primeiro problema que ele tinha que superar era o fato de que a única mente à qual qualquer pessoa tem acesso direto é a própria. A solução de Wundt foi instituir um processo rigoroso que ele chamou de "introspecção", no qual voluntários foram treinados para observar a própria mente e relatar com precisão pensamentos, sentimentos e sensações, particularmente como reação a estímulos específicos.

TRÊS ELEMENTOS

Dando continuidade ao trabalho experimental de Wundt sobre introspecção (p. 16), Edward B. Titchener tentou explicar como a mente produz experiência consciente. Em uma teoria conhecida como "estruturalismo", ele identificou três elementos de consciência: sensações, imagens e sentimentos. Ele argumentou que esses elementos são a base dos três estados de experiência: sensações formam nossas percepções, ou "discernimentos"; imagens formam nossos pensamentos; e sentimentos formam nossas emoções. Juntos, eles formam a estrutura da experiência consciente.

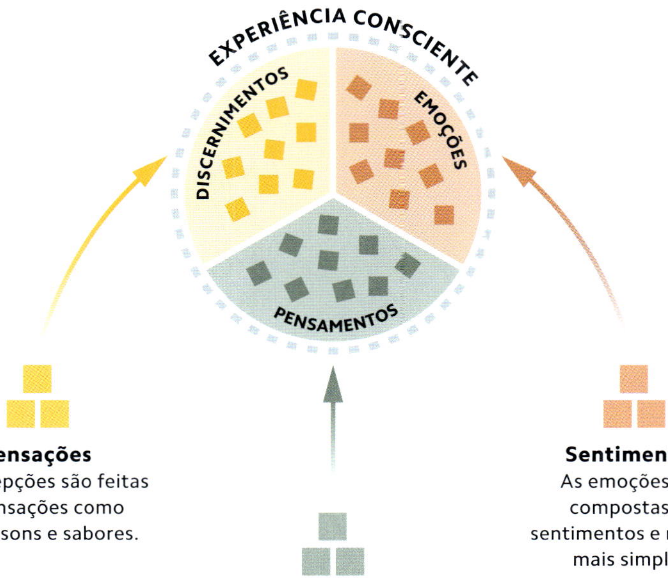

Sensações
As percepções são feitas de sensações como visões, sons e sabores.

Imagens
Os pensamentos são colchas de retalhos de imagens mentais simples.

Sentimentos
As emoções são compostas de sentimentos e reações mais simples.

Todo e partes
Os elementos individuais de um objeto significam pouco até serem compreendidos como partes de um todo significativo.

ESTUDANDO O TODO

No século XX, um grupo de psicólogos que rejeitou a teoria estruturalista da percepção (p. 17) adotou a palavra alemã *Gestalt*, que significa "forma" ou "essência", para descrever sua abordagem. Eles argumentavam que temos a tendência natural de interpretar as coisas como todos significativos em vez de desvendar o significado das coisas pelas partes, e que nós percebemos as coisas rapidamente, interpretando-as do jeito mais óbvio possível. Por exemplo, nós vemos um triângulo como uma forma completa, não como um conjunto de três linhas retas.

A CURVA DO ESQUECIMENTO

Hermann Ebbinghaus executou um experimento para testar a natureza da memória. Ele se familiarizou com uma lista de sílabas sem sentido, como VUF e LEF, e se testava periodicamente para ver de quantas conseguia se lembrar. Ele anotou os resultados em um gráfico que é agora conhecido como "curva do esquecimento". O gráfico mostrava que, sem reler a lista original, ele esquecia metade das sílabas em questão de dias e, depois disso, esquecia a maioria das outras em um ritmo mais lento. Ebbinghaus demonstrou rapidamente que nós esquecemos informações aprendidas rapidamente e que, para retê-las, precisamos voltar a elas diariamente.

> **"Os eventos mentais... não são acontecimentos passivos, mas os atos de um sujeito."**
>
> Hermann Ebbinghaus

PLANOS FUTUROS

Para James, a função do fluxo de consciência é permitir que nos adaptemos ao nosso ambiente; por exemplo, fazendo planos para o futuro.

> **"Meu pensamento é sempre voltado para a ação."**
> William James

ADAPTANDO-SE AO MUNDO

No final do século XIX, alguns psicólogos começaram a estudar a mente em termos do que ela faz em vez de o que ela é. Conhecidos como "funcionalistas", eles abandonaram a abordagem estruturalista de estudo da experiência humana (p. 17) e analisaram a função dos processos mentais. Eles foram influenciados pelo biólogo Charles Darwin, que argumentava que as coisas vivas evoluem com o tempo conforme se adaptam a ambientes em mutação. William James, que foi o pioneiro dessa abordagem, alegava que pensamentos e crenças nos ajudam a nos adaptar ao mundo à nossa volta.

A MENTE EMOCIONAL

Muitos cientistas do século XIX acreditavam que as emoções são causadas por pensamentos. Eles argumentavam, por exemplo, que, quando uma pessoa ouve um barulho alto, o sentimento de medo é causado por um "evento cognitivo" em que a mente reconhece o perigo e dispara a emoção do medo. Em meados dos anos 1880, James (p. 20) e o médico Carl Lange derrubaram essa ideia de forma independente. Eles argumentaram que o que vemos no mundo tem impacto físico direto no corpo, e que é a percepção dessas mudanças que vivenciamos como emoção.

> “[...] o inconsciente é o psíquico propriamente real, tão desconhecido para nós, na sua natureza interna, quanto o real do mundo exterior.”
>
> Sigmund Freud

De acordo com Freud, nossa mente consciente contém todos os pensamentos, sentimentos, sensações e lembranças de que estamos cientes no momento.

MENTE CONSCIENTE

MENTE PRÉ-CONSCIENTE

Na visão de Freud, a mente pré-consciente guarda lembranças que podem facilmente ser relembradas, mas não as que foram suprimidas.

MENTE INCONSCIENTE

Freud acreditava que a mente inconsciente guarda lembranças e pulsões recalcadas.

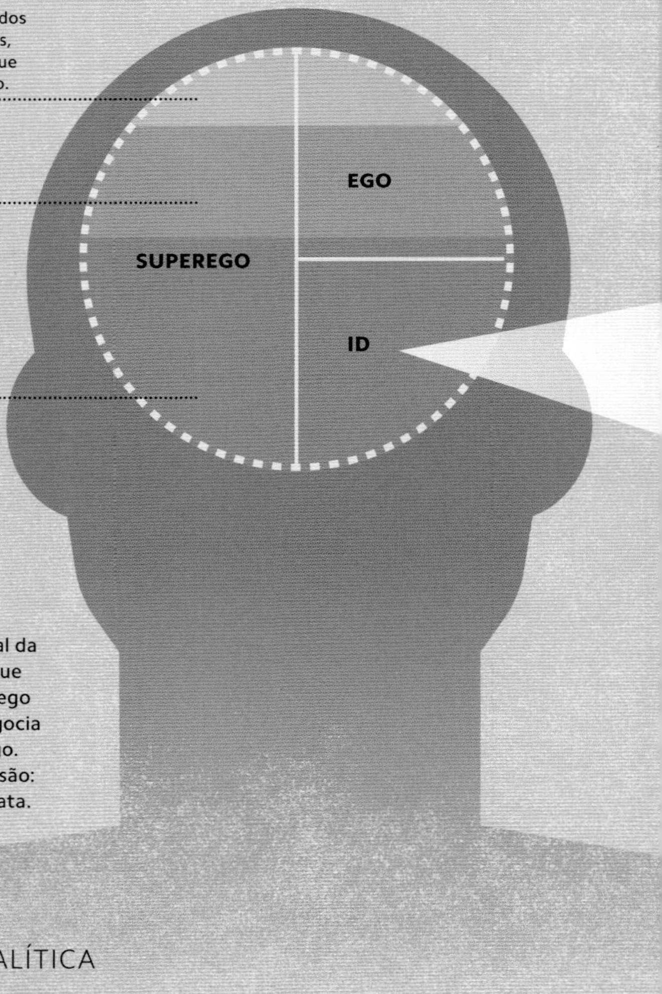

Modelo estrutural de Freud

De acordo com Freud, o superego é o centro moral da personalidade: ele quer que façamos a coisa certa. O ego é o local da razão: ele negocia com o id e com o superego. O id é o reino de pura pulsão: ele quer satisfação imediata.

DISSECANDO A MENTE

No começo do século xx, Sigmund Freud propôs que a mente de cada pessoa tem três níveis de consciência: o consciente, o pré-consciente e o inconsciente. Ele também identificou três aspectos da personalidade: o superego, o ego e o id. Freud sugeriu que o superego e o ego têm elementos conscientes, pré-conscientes e inconscientes, mas que o id é totalmente inconsciente. Ele alegava que os problemas psicológicos surgem como resultado de um conflito entre a mente consciente de uma pessoa e suas crenças e desejos inconscientes (p. 24).

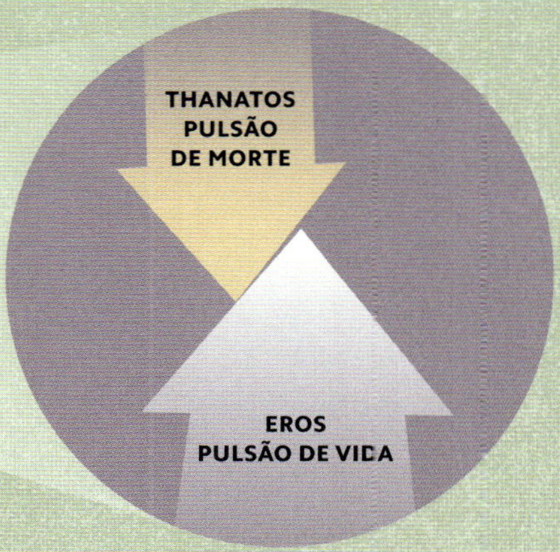

Pulsões primitivas

Na visão de Freud, o id é a essência mais primitiva e pulsional da personalidade. Totalmente inconsciente, é composto de todas as pulsões biológicas que nos levam a obter nossas necessidades básicas. Essas pulsões incluem os impulsos sexuais e agressivos, que ele chamou de "Eros" (a pulsão de vida) e "Thanatos" (a pulsão de morte), respectivamente.

INSIGHT

O MOMENTO DO INSIGHT

O objetivo da psicanálise é possibilitar que o indivíduo acesse lembranças recalcadas trazendo-as à consciência. Isso permite que o paciente lide com essas lembranças e as veja sob uma nova ótica.

CONSCIENTE

PRÉ-CONSCIENTE

INCONSCIENTE

TRAZENDO O PASSADO À TONA

Sigmund Freud (p. 22-23) propôs que os problemas psicológicos surgem quando um indivíduo tem uma experiência traumática, geralmente ocorre logo no início da vida, e "recalca" a lembrança do que aconteceu. Ele alegava que essas lembranças permaneciam ativas na mente inconsciente, promovendo uma variedade de doenças e transtornos, inclusive ansiedade e depressão. Na visão de Freud, esses males podiam ser aliviados por meio da cura pela fala, um processo que ele chamou de "psicanálise", no qual um "analista" (terapeuta) encoraja o paciente a falar sobre o que surgir em sua mente. Ele alegava que esse método, conhecido como associação livre (p. 128), permite aos pacientes acessar e enfrentar lembranças, pensamentos, sentimentos e sonhos recalcados.

PROTEGENDO O EGO

Nos anos 1930, Anna Freud, filha de Sigmund Freud (p. 22-24), explorou as formas como nossa mente inconsciente manipula a realidade para nos proteger de eventos e circunstâncias traumáticas. Ela identificou uma ampla variedade de "mecanismos de defesa", inclusive a repressão (a ocultação de lembranças sofridas) e a racionalização (a justificativa de pensamentos e comportamentos inaceitáveis). Ela atribuiu esses mecanismos ao ego, que, argumentou ela, nos defende tanto das pulsões do id quanto das demandas do superego (p. 22-23).

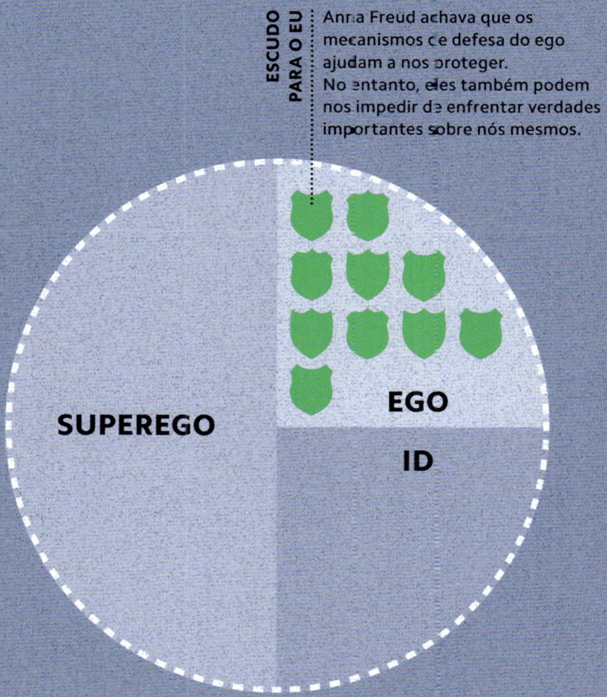

EU IMAGINADO

Uma pessoa com complexo de inferioridade pode compensar os sentimentos de inferioridade em excesso se engrandecendo ou lutando para superar os outros.

> "Uma mentira não teria sentido a menos que a verdade parecesse perigosa."
> Alfred Adler

SENSAÇÃO REAL DO EU

Um complexo de inferioridade impacta negativamente na autoestima e faz com que a pessoa se sinta inferior às outras.

NUNCA BOM O BASTANTE

Alfred Adler criou o termo "complexo de inferioridade" para descrever a condição em que uma pessoa sofre de uma sensação sufocante de inferioridade que não consegue superar. Ele acreditava que uma pessoa com complexo de inferioridade muitas vezes vai tentar compensar de forma excessiva (por exemplo, sendo agressiva ou competitiva na companhia de outras pessoas) para esconder o que ela sente que é a "verdade": que ela é inferior. Adler argumentava que um complexo de inferioridade pode atrapalhar o desenvolvimento da personalidade e, se não for tratado, pode levar a um sofrimento crônico.

Hermann Rorschach elaborou um teste que ele acreditava poder ajudar a diagnosticar transtornos psicológicos. Em condições controladas, ele mostrava uma série de dez pranchas preenchidas com manchas de tinta abstratas para cada paciente e pedia que eles descrevessem o que viam. Prestando bastante atenção a como eles reagiam a cada imagem, Rorschach reparou que pacientes com personalidades ou transtornos similares reagiam de formas semelhantes. Onde alguns viam um rosto zangado, por exemplo, outros viam um par de ursos brincando. Ainda hoje, alguns psicólogos usam esse teste para ajudá-los a avaliar o tipo de personalidade de um indivíduo.

Projetando significado
O teste de Rorschach se baseia na tendência de projetar significado a padrões abstratos. Muitas pessoas veem um monstro virado de cabeça para baixo nessa mancha de tinta. Uma pele de animal ou um tapete de pele são outras interpretações comuns.

Sigmund Freud (p. 22-24) alegava que cada indivíduo tem uma mente inconsciente que forma representações simbólicas das experiências conscientes. Carl Jung, aluno de Freud, propôs que esse inconsciente pessoal é só uma parte de uma mente inconsciente coletiva, o que gera "arquétipos" (imagens básicas comuns a todos os seres humanos). Jung alegava que esse imaginário pode ser encontrado não só nos sonhos, mas também em mitos tradicionais, religiões e contos de fadas. O "Velho Sábio", a "Grande Mãe" e a "Árvore da Vida" são exemplos de imagens arquetípicas chave.

EM BUSCA DA PLENITUDE

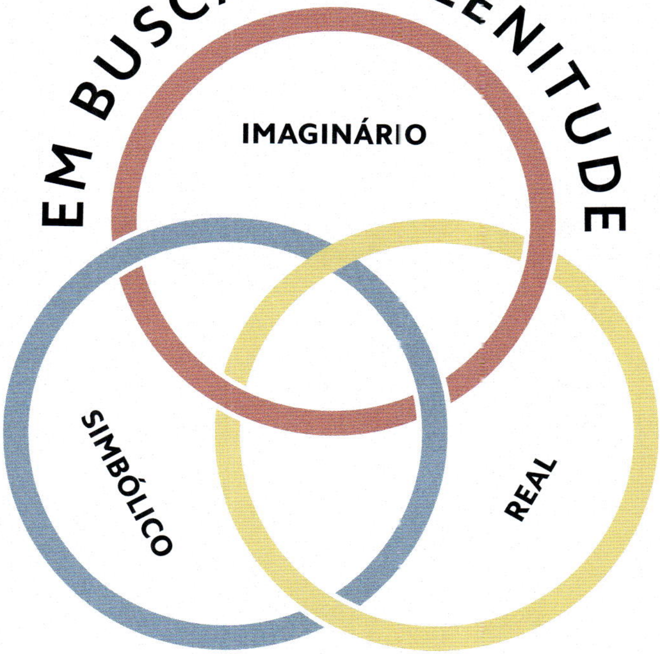

Nos anos 1950, Jacques Lacan argumentou que existem três dimensões mutuamente dependentes, ou "registros", na "realidade humana": o "imaginário", o "simbólico" e o "real". O imaginário é o mundo como aparece para nós por meio de nossos sentidos. O simbólico é o mundo como o entendemos e descrevemos pela linguagem. Mas o real é o mundo como é "por si só", que, de acordo com Lacan, nós não conseguimos sentir, entender, nem colocar em palavras, algo inominável. Ele achava que, diante da vida, temos uma sensação constante de incompletude. Essa sensação pode nos motivar a fazer coisas grandiosas ou pode nos levar a comportamentos autodestrutivos.

DESCOBERTA DOS OUTROS

Nos anos 1940, Melanie Klein alegou que as crianças muito pequenas não percebem "pessoas" ao redor delas, só "objetos" que as deleitam ou frustram. O seio da mãe, por exemplo, é um objeto que causa alívio, mas também ressentimento quando é retirado. Como uma criança pequena nem sempre tem o que quer, ela pode ter dificuldade para entender como o mesmo objeto pode ser ao mesmo tempo "bom" e "mau", e por isso reprime seus sentimentos negativos pelo "mau". De acordo com Klein, crianças saudáveis aprendem gradualmente que certos objetos são pessoas, e que as pessoas são "ambivalentes": nem boas nem más, só mais complicadas do que elas achavam.

O mundo "não ambivalente"
Klein afirmou que algumas crianças nunca aprendem que as pessoas são ambivalentes: elas crescem acreditando que suas mães são ao mesmo tempo "boas" e "más". Klein argumentou que, por não conseguirem lidar com emoções tão conflitantes, essas crianças dividem suas percepções da mãe em duas.

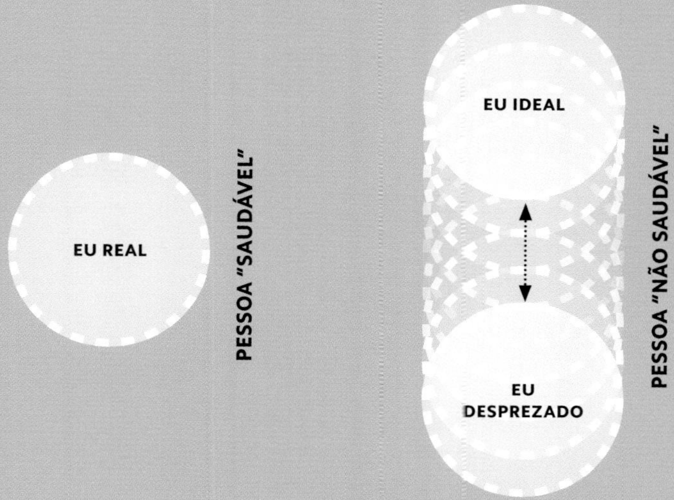

TORNANDO-SE SI MESMO

Karen Horney acreditava que muitos problemas psicológicos são causados por condicionamento social, e não pela biologia. Nos anos 1950, ela alegou que, sob circunstâncias saudáveis, as pessoas costumam ter uma ideia realista sobre quem são e o que podem alcançar. Entretanto, devido à pressão social, muitas pessoas têm uma imagem irreal ou idealizada de quem deveriam ser. Como esse "eu ideal" nunca pode ser alcançado, ele se degenera no que Horney chamou de "eu desprezado". O "eu real", argumentou ela, é o eu natural de uma pessoa que tem uma imagem autêntica de quem ela é. Estar em contato com esse eu real é o que Horney chamou de "autorrealização".

> **"Orgulho e ódio de si mesmo estão inseparavelmente juntos."**
> Karen Horney

Reação aprendida Um cachorro pode aprender a salivar em reação a um estímulo neutro, como o som de um sino tocando.

REAÇÕES PAVLOVIANAS

Nos anos 1890, Ivan Pavlov fez uma descoberta que se tornou a base de uma teoria conhecida como "condicionamento clássico", que alguns psicólogos aplicaram depois em humanos (p. 33). Antes de Pavlov, os cientistas acreditavam que os animais respondem a estímulos de um jeito não condicionado (instintivo) – por exemplo, que cachorros só salivam quando é oferecida comida. Entretanto, enquanto conduzia o experimento, Pavlov descobriu que os cachorros começam a salivar em reação a sons a que eles estão condicionados (ensinados) a associar com o momento da alimentação. Ele mostrou que animais aprendiam associando um estímulo a uma reação aprendida.

Medo mal direcionado
O medo natural de uma criança de barulhos altos pode ser associado erroneamente a objetos inofensivos.

O EXPERIMENTO DO "PEQUENO ALBERT"

Ivan Pavlov demonstrou que os animais podem aprender por associação. John Watson e Rosalie Rayner alegaram que o mesmo acontece com seres humanos, o que decidiram provar em 1919. Eles mostraram um rato branco a um garoto de nove meses de idade chamado Albert. No começo, Albert não demonstrou ter medo do rato. Entretanto, dois meses depois, sempre que alguém levava o rato para Albert, Watson batia com o martelo em uma barra de metal, dando um susto no menino. Albert passou a morrer de medo do rato e de qualquer coisa que o lembrasse dele. Apesar de o rato nunca ter feito nada que incomodasse a criança, o medo irracional e condicionado durou vários meses.

REPITA QUANDO SATISFEITO

Edward Thorndike acreditava que os animais, inclusive os humanos, aprendem comportamentos novos por meio de um processo de tentativa e erro de reagir aos seus ambientes imediatos. Em um experimento, ele colocou um gato em uma caixa da qual o gato só conseguia escapar apertando uma alavanca. Para motivar o gato, ele colocou um peixe do lado de fora da caixa. No começo, o gato só chegou ao peixe quando acionou a alavanca por acidente. Entretanto, ele logo aprendeu que havia uma conexão entre a alavanca e a abertura da caixa e, depois disso, passou a apertar a alavanca para sair. Thorndike concluiu que os animais repetem comportamentos quando são seguidos de consequências agradáveis. Ele chamou esse princípio de "lei do efeito".

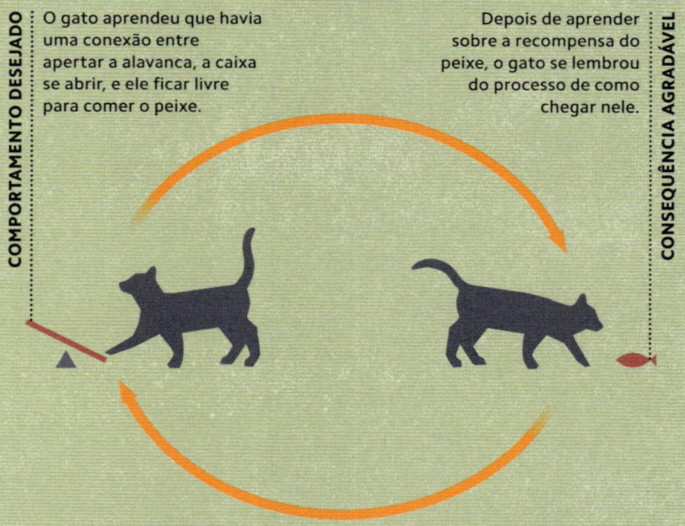

Resultados favoráveis
Os experimentos de Thorndike mostraram que os animais repetem ações que levam a resultados favoráveis.

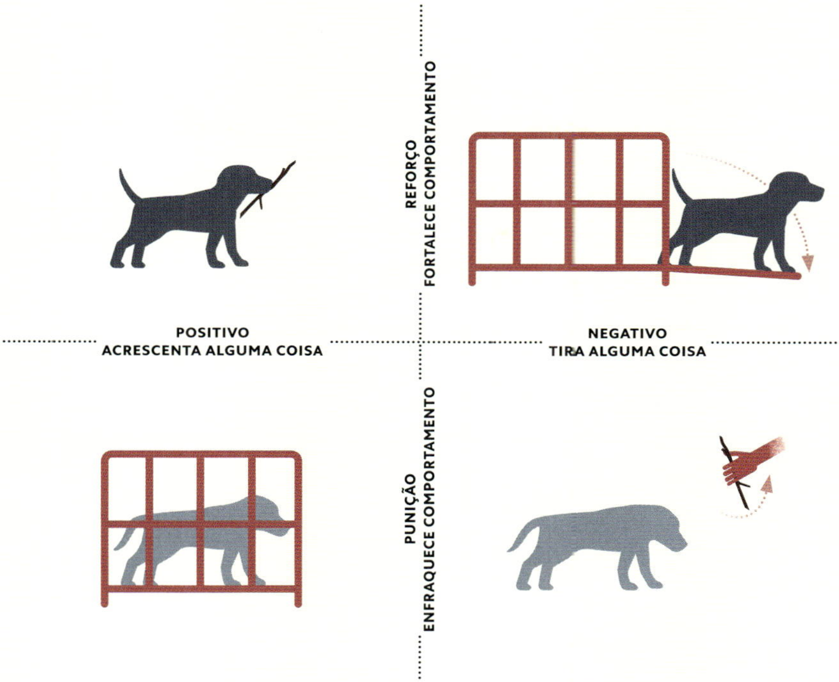

MODELANDO COMPORTAMENTO

A partir do trabalho de Edward Thorndike (p. 34), B.F. Skinner argumentou que os animais e os seres humanos repetem comportamentos que são reforçados por recompensas e abandonam comportamentos que têm resultados "punitivos". O reforço pode ser de dois tipos: o acréscimo "positivo" de algo agradável ou a retirada "negativa" de algo desagradável. Da mesma forma, a punição pode ser a imposição "positiva" de uma penalidade ou a retirada "negativa" de algo agradável – ambos com a intenção de enfraquecer comportamento desfavorável.

MAPAS COGNITIVOS

É comum que ganhemos conhecimento sem perceber e que só notemos o que aprendemos quando uma situação nos leva a lembrar. Nos anos 1940, Edward C. Tolman explorou esse fenômeno, que os psicólogos chamam de "aprendizagem latente". Tolman descobriu que os ratos aprendem a negociar ambientes complexos, inclusive labirintos, mesmo quando não há incentivo para eles fazerem isso (uma recompensa em forma de alimento, por exemplo). Ele argumentou que os ratos formam inconscientemente imagens mentais, ou "mapas cognitivos", do ambiente ao redor, e depois as usam para navegação. Ele sugeriu que o mesmo é verdade em relação a humanos, e que muitos dos nossos processos de aprendizagem são similarmente inconscientes.

Behaviorismo
Os psicólogos behavioristas focam a pesquisa em como as pessoas se comportam e não no que elas pensam quando reagem a um estímulo específico.

DIMINUINDO A LACUNA

Os psicólogos behavioristas (p. 32-35) usam um modelo de dois estágios, "entrada-saída", para explorar como os estímulos externos (entrada) afetam o comportamento humano (saída). Eles não dão muita atenção a nenhuma atividade mental que possa ocorrer dentro do cérebro. Por contraste, os behavioristas cognitivos acreditam haver um estágio intermediário, no qual os processos cognitivos baseados no cérebro (p. 86-105) nos permitem vivenciar o mundo, adquirir conhecimento e reinterpretar nossas percepções. O modelo deles tem três estágios: "entrada/processamento interno/saída".

Behaviorismo cognitivo
Os behavioristas cognitivos consideram um estágio intermediário de atividade mental no registro da percepção e da aprendizagem humana.

A HIERARQUIA DAS NECESSIDADES

Abraham Maslow sugeriu que somos motivados por cinco necessidades básicas que precisam ser satisfeitas em uma ordem específica. As necessidades fisiológicas (alimento, sono e água) são necessárias para a sobrevivência, e por isso temos que satisfazê-las primeiro. Segundo, precisamos de segurança na forma de abrigo e proteção do mal. Terceiro, precisamos de relacionamentos amorosos e um sentimento de comunidade. Quarto, precisamos de estima, ou de uma sensação de sermos respeitados por outras pessoas. Por fim, precisamos fazer uso total de nossos talentos e habilidades para alcançar nosso verdadeiro potencial. Maslow chamou esse processo de "autoatualização" e acreditava que nem todos nós conseguimos satisfazer essa última necessidade.

AUTOATUALIZAÇÃO

ESTIMA

AMOR E PERTENCIMENTO

SEGURANÇA

FISIOLÓGICAS

Apoio incondicional
Rogers acreditava que os terapeutas devem oferecer aos seus pacientes aceitação incondicional, sem importar o que eles digam ou façam.

APOIO E ACEITAÇÃO TOTAL

A ideia de Maslow de que a autoatualização é uma das nossas cinco necessidades básicas foi inspirada no trabalho de seu contemporâneo Carl Rogers, que foi o pioneiro na abordagem humanista da psicologia (p. 131). Rogers acreditava que as pessoas são fundamentalmente boas e que devemos nos aceitar de forma incondicional. Como terapeuta, ele oferecia aos seus clientes o que chamava de "consideração positiva incondicional": ou seja, total apoio e aceitação. Ao fazer isso, ele esperava extirpar uma causa majoritária de ansiedade nos indivíduos – a crença de que só somos aceitáveis se alcançarmos certas expectativas.

Autoaceitação incondicional
Pessoas com quadro ansioso tendem a melhorar quando reconhecem que são aceitáveis por serem quem realmente são.

A CIÊNCIA DA FELICIDADE

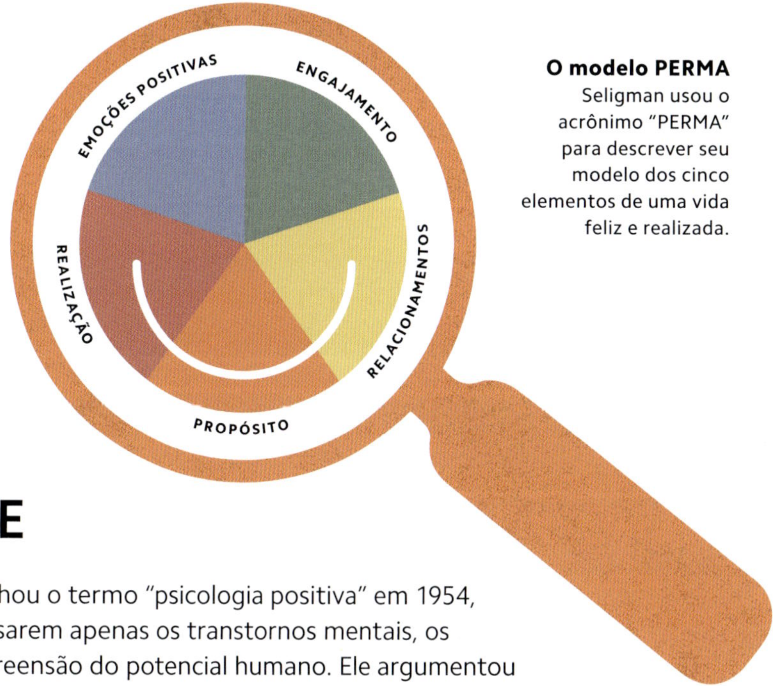

O modelo PERMA Seligman usou o acrônimo "PERMA" para descrever seu modelo dos cinco elementos de uma vida feliz e realizada.

Abraham Maslow (p. 38) cunhou o termo "psicologia positiva" em 1954, quando propôs que, ao analisarem apenas os transtornos mentais, os psicólogos não obtêm compreensão do potencial humano. Ele argumentou que eles deveriam estudar pessoas mentalmente saudáveis para identificar o que melhor promove uma vida boa, feliz e saudável. Mais tarde, Martin Seligman trabalhou em cima das ideias de Maslow e propôs que há três tipos de vida feliz: a "vida agradável", que envolve o prazer sensual e a socialização; a "vida significativa", em que se faz coisas pelos outros; e a "vida boa", na qual alcançamos nosso potencial de crescimento pessoal.

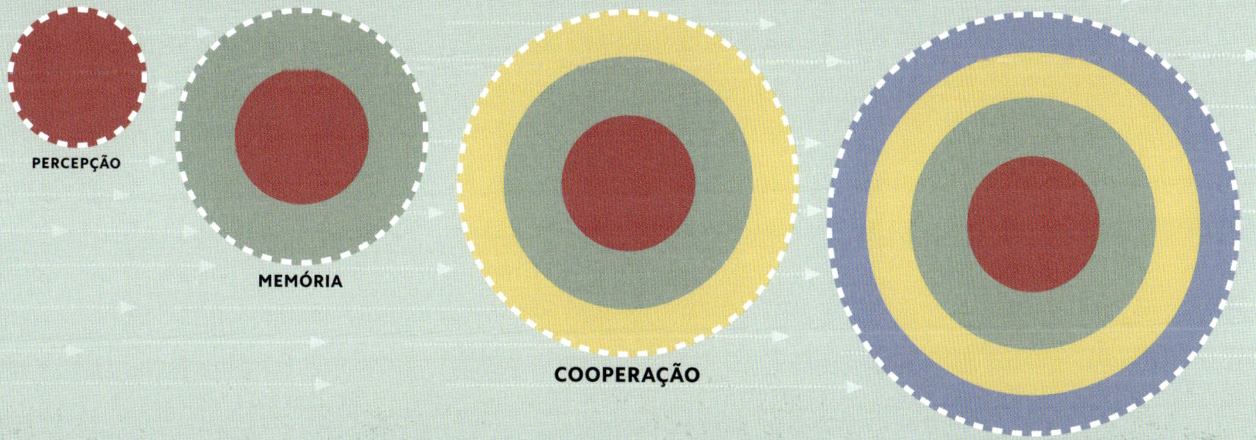

A MENTE EVOLUIU

Os psicólogos evolucionistas acreditam que estudar os seres humanos como parte da evolução geral de formas de vida na Terra oferece conhecimento para a psicologia. Salientando que se um traço físico ajuda uma forma de vida a sobreviver e persiste devido à seleção natural, eles sugerem que os processos mentais e o comportamento evoluem da mesma forma. Por exemplo, a habilidade de nossos ancestrais de estarem cientes dos estímulos ambientais pode ter provocado reações básicas, mas não aprendizagem. Já a capacidade de memória e lembrança teria aumentado as chances de sobrevivência, assim como desenvolver comportamento colaborativo e, por fim, a linguagem.

> **"A mente é uma adaptação projetada pela seleção natural."**
> Steven Pinker

Esta parte mais profunda do cérebro nos incita a satisfazer as necessidades mais fundamentais, como a necessidade de comer e nos reproduzir.

SISTEMA LÍMBICO

CÓRTEX CEREBRAL

Essa parte mais externa e retorcida do cérebro tem um papel essencial nos processos mentais "maiores", como o planejamento, a imaginação e a tomada de decisões.

REDE NERVOSA

Um sistema de nervos conecta nosso cérebro ao restante do corpo por meio da coluna vertebral. Isso permite que o cérebro guie e monitore nosso comportamento.

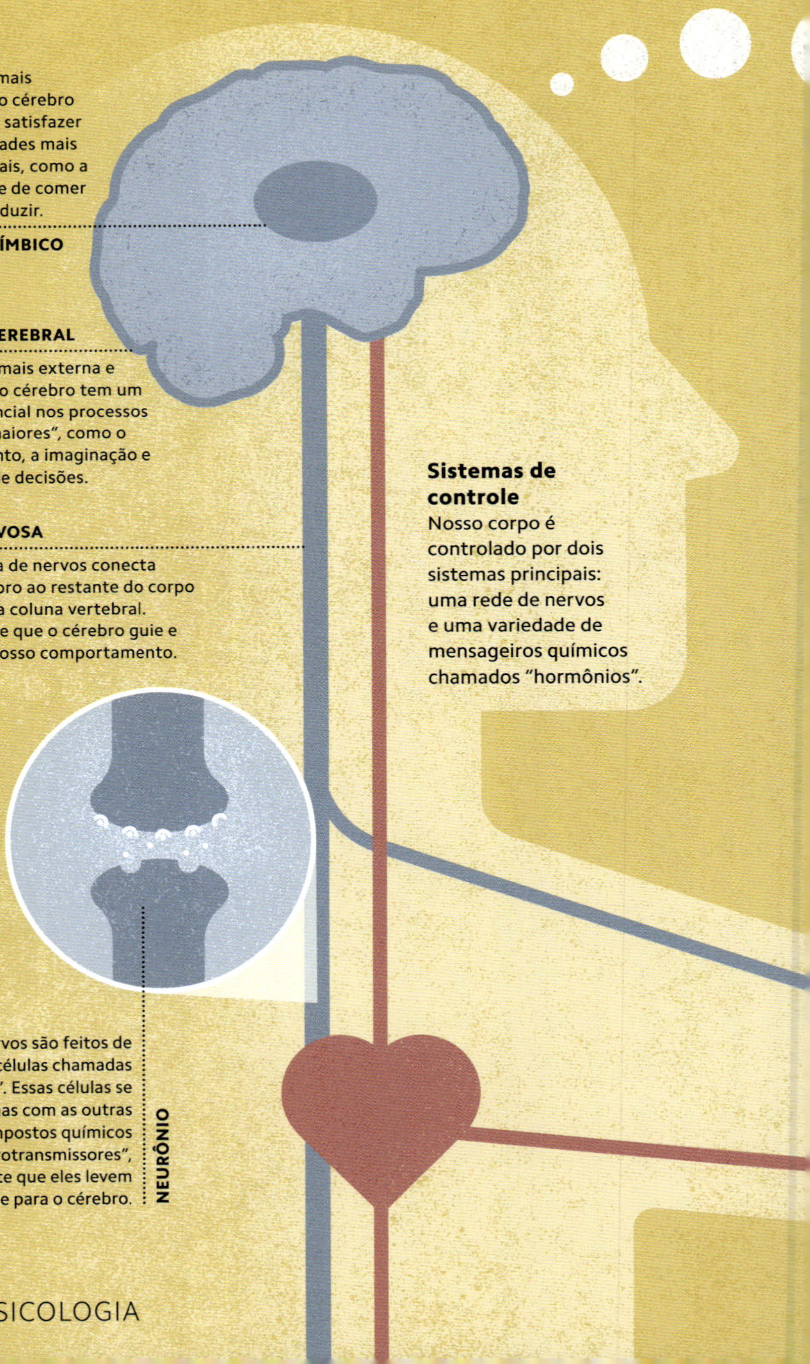

Sistemas de controle

Nosso corpo é controlado por dois sistemas principais: uma rede de nervos e uma variedade de mensageiros químicos chamados "hormônios".

NEURÔNIO

Nossos nervos são feitos de milhões de células chamadas "neurônios". Essas células se comunicam umas com as outras usando compostos químicos chamados "neurotransmissores", o que permite que eles levem mensagens de e para o cérebro.

A biopsicologia combina o estudo da anatomia (estrutura corporal), da fisiologia (funções corporais) e da psicologia. Os biopsicólogos estudam como nosso cérebro e nosso sistema nervoso influenciam as formas como pensamos, sentimos e nos comportamos e tentam identificar como as funções mentais estão ligadas a partes específicas do nosso cérebro. Ao fazer isso, eles se concentram nas células nervosas, ou "neurônios", que carregam informações dos sentidos ao cérebro e passam instruções do cérebro para outras partes do corpo. Eles também estudam como outros compostos químicos, chamados de "hormônios", nos preparam para nos comportarmos de jeitos específicos.

COMPORTAMENTO BIOLÓGICO

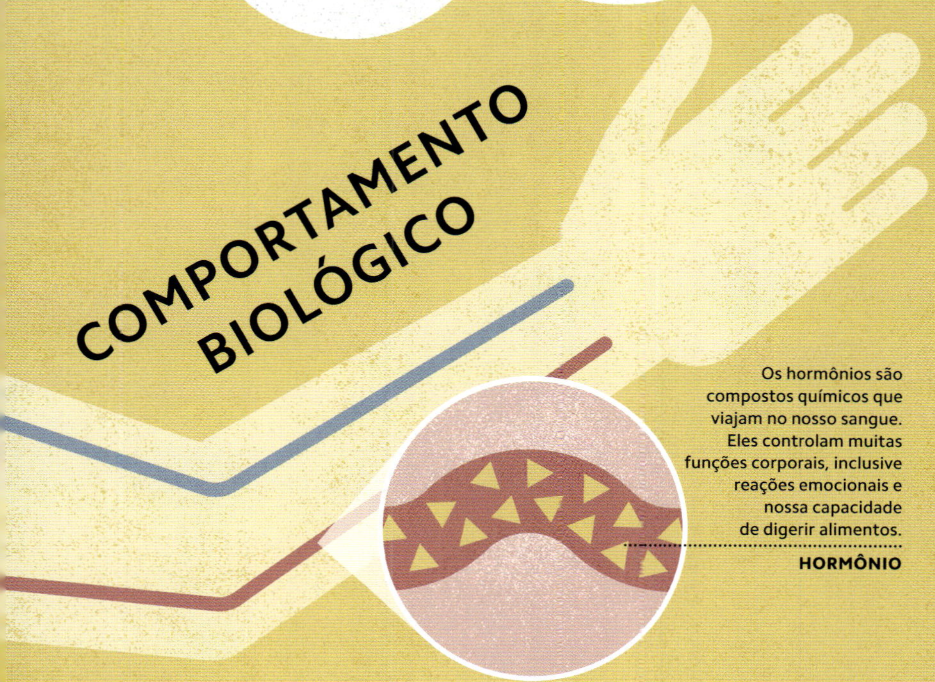

Os hormônios são compostos químicos que viajam no nosso sangue. Eles controlam muitas funções corporais, inclusive reações emocionais e nossa capacidade de digerir alimentos.

HORMÔNIO

CRESCIME

E

DESENVOL

NTO

VIMENTO

Antes dos anos 1930, a maioria dos psicólogos achava que aprendíamos ajustando o comportamento para conseguir recompensas ou evitar punição (p. 32-35). Entretanto, em 1936, Jean Piaget desafiou essa ideia: ele propôs que nós passamos por quatro estágios de desenvolvimento, e que o jeito como aprendemos é diferente em cada estágio (p. 47). Um novo ramo da psicologia, conhecido como psicologia do desenvolvimento, surgiu a partir do trabalho dele. Os pesquisadores se concentram nas formas pelas quais mudamos psicologicamente nos diferentes momentos da nossa vida, e na extensão com que nossa aprendizagem é formatada por fatores genéticos, ambientais ou sociais.

Esquema original
O primeiro esquema de uma criança para um cachorro pode conter a ideia de que todos os cachorros são pequenos e peludos.

Mundo real
Conforme a criança ganha experiência, ela encontra outros animais pequenos e peludos.

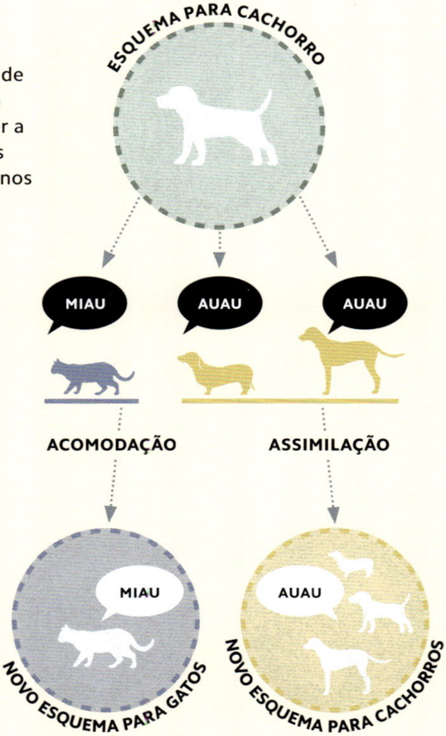

Novo esquema
A criança acomoda a ideia de um animal pequeno e peludo que diz "miau" ao formar um novo esquema para gatos.

Esquema atualizado
A criança assimila novas informações – que cachorros dizem "auau" e podem ser maiores ou menores – em um esquema atualizado para cachorros.

IDEIAS ORGANIZADAS

Jean Piaget descreveu o desenvolvimento mental de uma criança como um aumento no número e complexidade de "esquemas" – os blocos de construção básicos que nos ajudam a entender e a interpretar o mundo. Os esquemas nos permitem organizar e categorizar conhecimento ao dividi-lo em unidades que se relacionam a diferentes aspectos do mundo, como ações, objetos ou conceitos abstratos. Eles ficam armazenados na nossa mente, e nós os aplicamos quando precisamos, o que nos permite categorizar grandes quantidades de informação rapidamente.

COMO AS CRIANÇAS PENSAM

Piaget também desenvolveu a teoria de que as crianças passam por quatro estágios diferentes de desenvolvimento cognitivo conforme crescem: o sensório-motor, o pré-operatório, o operatório concreto e o operatório formal. Ele propôs que a mente das crianças não só é uma versão menor e completamente formada de uma mente adulta, mas que a inteligência delas se desenvolve por esses quatro estágios. O trabalho dele mostrou que há diferenças no tipo de pensamento e na quantidade de pensamento que as crianças executam nos quatro estágios diferentes de desenvolvimento.

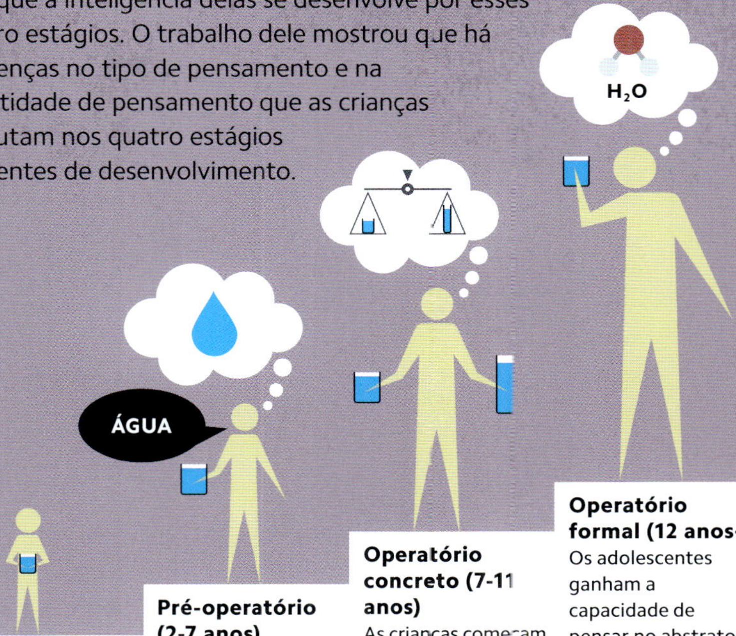

Sensório-motor (nascimento--24 meses)
Os bebês vivenciam o mundo através dos movimentos e das sensações, como pegando coisas ou sugando-as.

Pré-operatório (2-7 anos)
Conforme a linguagem se desenvolve, as crianças aprendem a usar palavras e imagens para representar objetos concretos (reais) ou conceitos simples como "água".

Operatório concreto (7-11 anos)
As crianças começam a usar a lógica e aprendem conceitos mais complexos como "conservação" (a ideia de que copos de formatos diferentes podem conter a mesma quantidade de líquido).

Operatório formal (12 anos+)
Os adolescentes ganham a capacidade de pensar no abstrato: isso quer dizer visualizar coisas que eles não conseguem ver no mundo real (por exemplo, moléculas de água) e usar raciocínio para entendê-las.

UM PROCESSO NATURAL

No começo do século xx, Jean Piaget argumentou que as crianças se desenvolvem naturalmente e aprendem de forma independente ao encarar novas experiências. Ele, portanto, propôs uma abordagem "centrada na criança" para a educação. Seu método requer que os professores considerem o estilo de aprendizagem individual da criança, assim como habilidades, necessidades e interesses. Dessa forma, professores podem facilitar a aprendizagem criando um ambiente de confiança e segurança para a criança explorar, participar e experimentar ativamente.

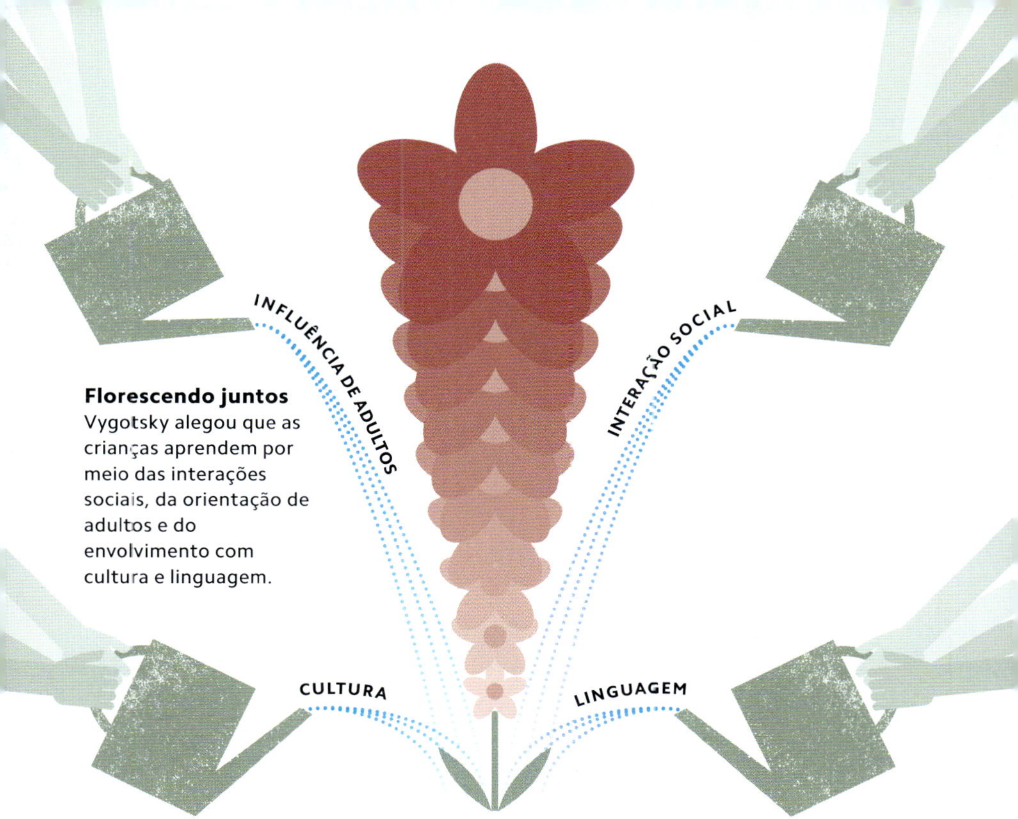

Florescendo juntos
Vygotsky alegou que as crianças aprendem por meio das interações sociais, da orientação de adultos e do envolvimento com cultura e linguagem.

APRENDER JUNTO

Nos anos 1930, Lev Vygotsky argumentou que as crianças aprendem interagindo com adultos e semelhantes, e que seu desenvolvimento cognitivo é altamente influenciado pela linguagem e pela cultura. Diferentemente de Jean Piaget (p. 48), Vygotsky acreditava que cada criança tem um conjunto de habilidades em potencial que só podem ser destravadas em colaboração com outras pessoas. Ele sugeriu que as crianças aprendem melhor na "Zona de Desenvolvimento Proximal": ou seja, quando estão trabalhando em tarefas que elas só conseguem dominar com orientação e apoio.

OS OITO ESTÁGIOS DA VIDA HUMANA

Erik Erikson desenvolveu uma das teorias mais influentes sobre a personalidade humana. Ele argumentou que, conforme crescemos, passamos por oito estágios de desenvolvimento e que, em cada um deles, enfrentamos um conflito, que pode ter um resultado positivo ou negativo. Por exemplo, no primeiro estágio (do nascimento até dezoito meses), vivenciamos um conflito com o qual aprendemos se podemos confiar ou não em nossos cuidadores. Se aprendermos que eles são de confiança, desenvolvemos a crença de que nossas necessidades serão saciadas, e, por consequência, uma noção de esperança. Se passarmos pelos oito estágios com sucesso, conquistamos o que Erikson chamou de "virtudes", ou características, de adultos saudáveis.

Um adulto saudável passou com sucesso por todos os oito estágios. Ele se sente seguro e sem arrependimentos.

ALCANÇANDO SABEDORIA

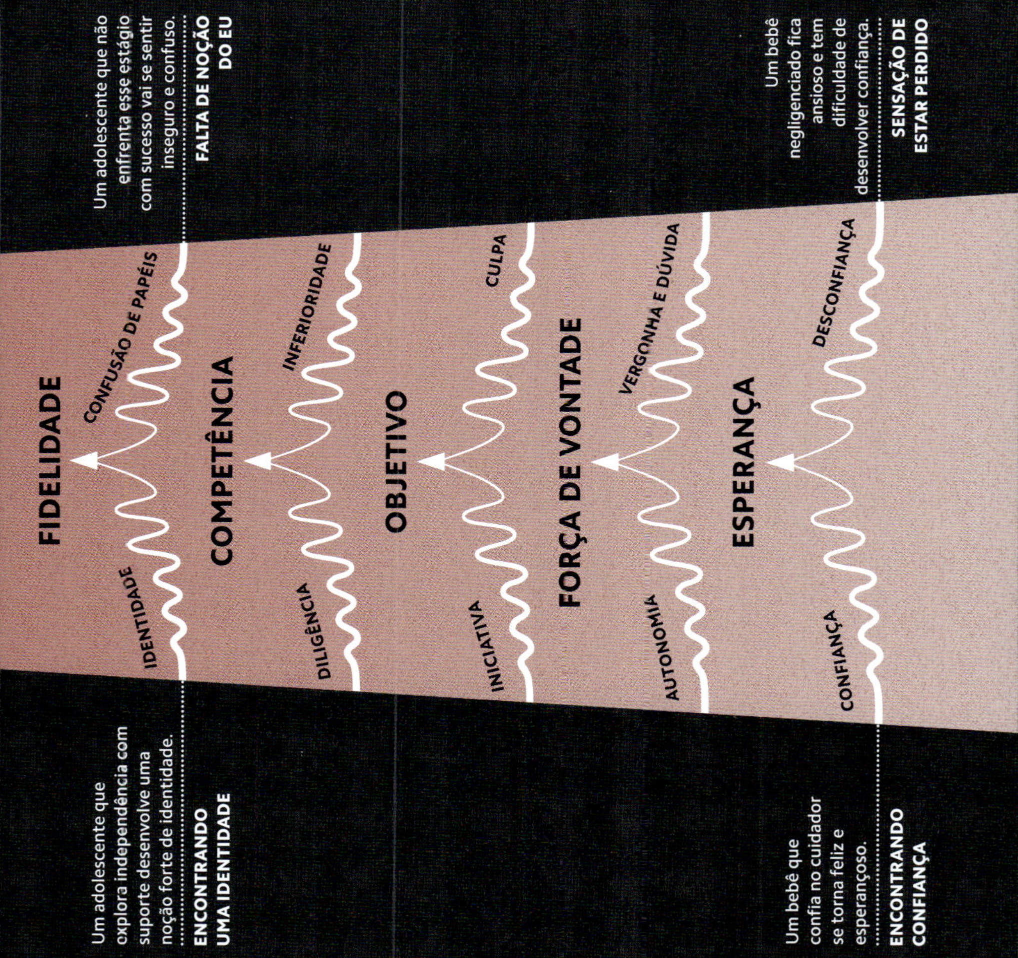

> **"A esperança é ao mesmo tempo a virtude inerente mais prematura e mais indispensável no estado de estar vivo."**
> Erik Erikson

COMPORTAMENTO INSTINTIVO

Nos anos 1930, o zoólogo Konrad Lorenz estudou "padrões fixos de ação", os comportamentos instintivos inseridos no sistema nervoso dos animais. Durante experimentos, ele notou que um filhote de ganso segue o primeiro ser vivo que ele vê depois de sair do ovo, até um ser humano. Isso é conhecido como "imprinting". Lorenz também observou que um estímulo específico pode deflagrar um padrão fixo de ação: por exemplo, quando ele colocava um ovo ao lado do ninho de uma mamãe ganso, ela sempre fazia a mesma sequência de ações para pegá-lo, mesmo se ele removesse o ovo antes de ela ter terminado. Lorenz concluiu que padrões fixos de ação não são aprendidos, mas geneticamente programados. Isso levanta a questão de quantos comportamentos humanos, como o apego de um bebê ao seu cuidador, são similarmente naturais.

GATILHO INATO

Os genes de um animal são programados para que, quando o animal receber um estímulo particular, ele execute um padrão fixo de ação do começo ao fim, sem importar o contexto.

GENETICAMENTE PROGRAMADOS

Os animais têm instintos complexos específicos de cada espécie e comportamentos que são naturais de suas redes neurais.

ADULTO BATE NO BRINQUEDO

CRIANÇA OBSERVA ADULTO

NADA SE CRIA

Nos anos 1960, Albert Bandura questionou a teoria behaviorista de que toda a aprendizagem é resultado de experiência direta e de reforço (p. 32-35). Ele propôs uma "teoria de aprendizagem social", alegando que as pessoas aprendem comportamentos ao observar e copiar outros. Em um experimento famoso, ele mostrou que uma criança pode aprender a se comportar de forma agressiva imitando adultos. Ele argumentou que tal aprendizado também pode acontecer de forma indireta, criando medos que as crianças podem aprender com os comportamentos vistos na televisão ou online.

CRIANÇA IMITA COMPORTAMENTO DO ADULTO

Experimento do "João Bobo"
Nesse experimento, as crianças viram um adulto agir com violência com um brinquedo chamado "João Bobo". Mais tarde, elas também se comportaram de forma agressiva com o João Bobo.

PRIMEIRAS RELAÇÕES

Depois de trabalhar com crianças fragilizadas emocionalmente, John Bowlby decidiu estudar as relações entre crianças pequenas e suas mães, concentrando-se no desenvolvimento social, emocional e cognitivo. Ele concluiu que as crianças são biologicamente pré-programadas para criar laços de apego com cuidadores, o que as ajudam a sobreviver. Ele também propôs que as crianças nascem com necessidade de se apegar a uma única figura primária, que costuma ser a mãe. Bowlby acreditava que a criança forma esse apego durante os cinco primeiros anos de vida, e depois disso pode nunca se formar.

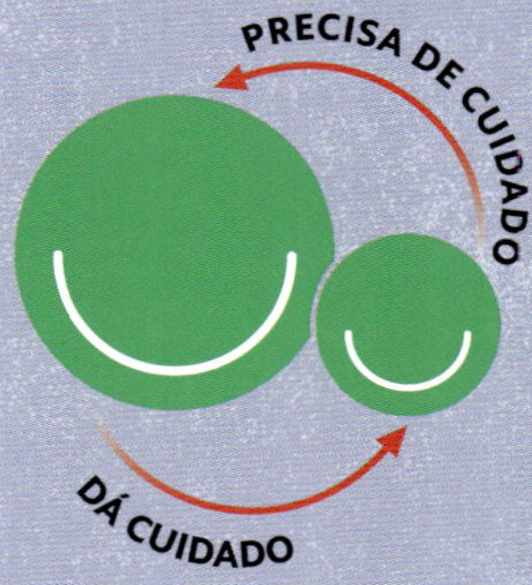

Apego forte
A criança desenvolve um apego forte com um cuidador atencioso. Isso dá à criança a confiança para explorar o ambiente.

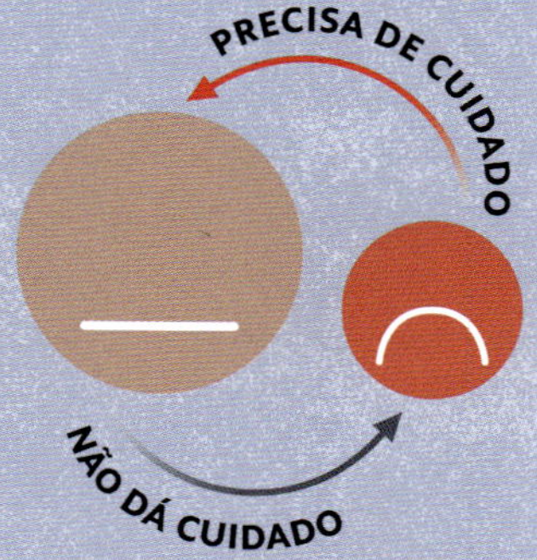

Sem apego
A criança não forma um apego com um cuidador negligente. Subsequentemente, a criança cresce se sentindo perdida e insegura.

Nos anos 1960, muitos psicólogos teorizaram que os bebês formam laços de apego com a mãe apenas porque precisam ser alimentados. Harry Harlow desconfiava que conforto e amor eram igualmente importantes para um bebê, e testou essa teoria usando macacos. Ele separou vários bebês macacos das mães e deu a cada um deles duas mães substitutas: uma que fornecia leite, mas era feita de arame; e uma que era feita de tecido atoalhado. Os bebês passavam a maior parte do tempo com as “mães de pano” e iam brevemente até as “mães de arame” para serem alimentados. Isso provou que os bebês têm uma forte necessidade de conforto dado por quem cuida deles.

EM SEGURANÇA

Mary Ainsworth desenvolveu um jeito de classificar as relações entre crianças e seus cuidadores primários. Em um experimento conhecido como Situação Estranha, Ainsworth deixou vários pares de mães e filhos em uma sala desconhecida, na qual a criança ficava livre para brincar. Ela observou as reações das crianças a várias situações de potencial estressante, inclusive ficar sozinha por alguns minutos e uma pessoa estranha entrar na sala. Com base em como cada criança reagiu, Ainsworth definiu três tipos de apego criança-cuidador: "seguro", "ambivalente" e "evitativo".

> **"Crianças que tinham [...] apego seguro com a mãe exploraram ativamente."**
> Mary Ainsworth

Mães constantes
Os pesquisadores pediram a cada mãe para se comportar da mesma forma durante o teste. Cada uma deixou a criança explorar o ambiente antes de deixá-la sozinha por um breve período.

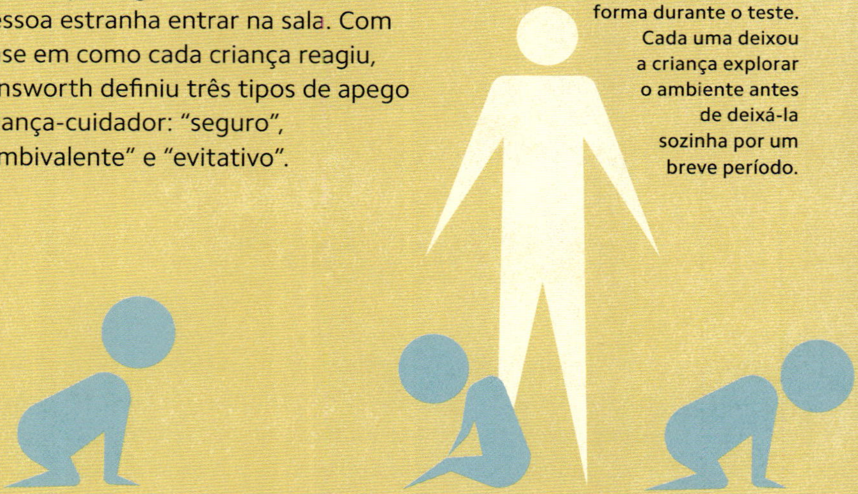

Seguro
A criança explorou a sala usando a mãe como base segura. Ficou infeliz de ser deixada sozinha, e feliz quando a mãe voltou.

Ambivalente
A criança não explorou a sala e rejeitou as tentativas de encorajamento e conforto da mãe.

Evitativo
A criança demonstrou independência e explorou a sala. Não procurou a mãe para ter segurança.

Criança com gene MAOA de alta atividade
Uma criança maltratada com altos níveis de atividade MAOA tem menos chance de desenvolver comportamento antissocial quando adulta.

REAÇÕES A ABUSO

Algumas pessoas que sofrem abuso físico ou sexual quando crianças passam a exibir comportamento disruptivo ou violento quando adultas. Em 2002, Avshalom Caspi apresentou evidências que sugeriam que os níveis de atividade do gene "MAOA" podem afetar o jeito como crianças maltratadas reagem às experiências; esse gene controla a produção de monoamina oxidase A, uma enzima que quebra alguns neurotransmissores (p. 42). O trabalho de Caspi sugere que a genética pode explicar por que nem todas as vítimas de abuso abusam de outras pessoas.

Criança com gene MAOA de baixa atividade
Uma criança maltratada com baixos níveis de atividade MAOA tem mais chance de desenvolver comportamento antissocial quando adulta.

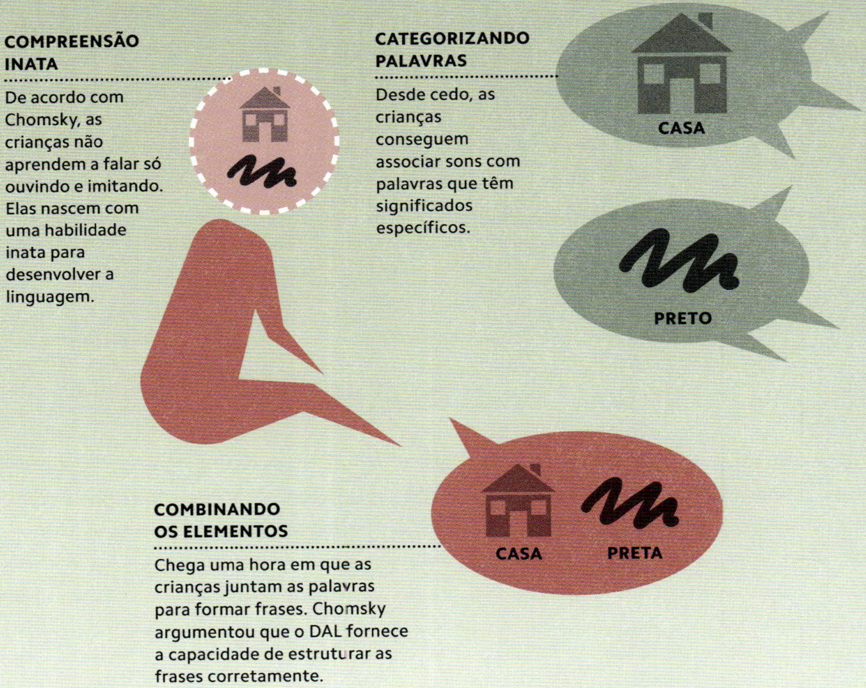

NASCIDAS PARA FALAR

A linguagem é incrivelmente complexa, mas a maioria das crianças domina suas regras até os oito anos. Nos anos 1960, o linguista Noam Chomsky sugeriu que o cérebro humano tem um dispositivo de aquisição de linguagem (DAL) especializado: uma faculdade mental que permite aos bebês e às crianças pequenas entender a gramática e a sintaxe de sua língua natal sem treinamento formal. Essa faculdade contém o que Chomsky chamou de "gramática universal", que todas as línguas têm em comum. Ele argumentou que, quando uma criança ouve as pessoas falarem, seu DAL se ativa, permitindo que ela reaja da forma adequada.

CERTO OU ERRADO?

Em 1958, Lawrence Kohlberg propôs que os humanos passam por três estágios de desenvolvimento moral, cada um com duas fases. Ele argumentou que nós passamos por esse estágio em uma ordem específica, e que o desenvolvimento moral está ligado ao desenvolvimento cognitivo. No primeiro estágio, temos o que Kohlberg chamou de moralidade "pré-convencional", que é formatada pela nossa percepção de obediência e punição, e de individualismo e troca. No segundo estágio, incorporamos a moralidade "convencional", motivados pela necessidade de boas relações pessoais e pela percepção da necessidade de ordem social. No terceiro, o estágio "pós-convencional", consideramos mais questões morais gerais, como a existência de direitos humanos.

Passos em uma vida moral
Conforme subimos os degraus do desenvolvimento moral, passamos a ter mais nuances e mais generalidade no nosso pensamento.

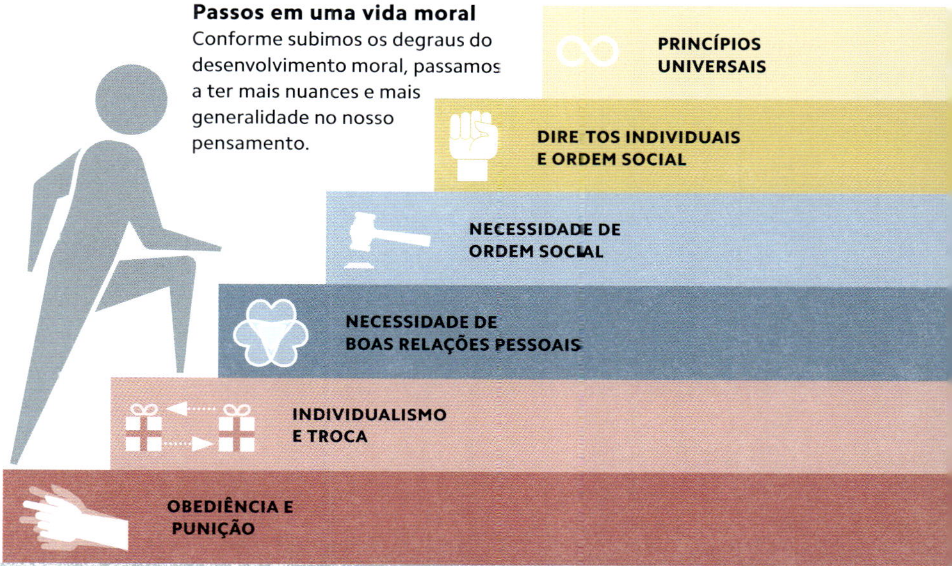

TESTES DAS BONECAS

O casal Kenneth e Mamie Clark estudou as atitudes das crianças em relação a raça. Durante os anos 1940, eles conduziram experimentos nos Estados Unidos, nos quais pediam a crianças afro-americanas para escolherem entre duas bonecas diferentes apenas pela cor do cabelo e da pele. Os resultados mostraram uma preferência pela boneca branca em vez da marrom, o que sugeriu que aquelas crianças tinham atitudes racistas internalizadas devido à segregação e às influências sociais. O trabalho dos Clarks contribuiu para a decisão de 1954 da Suprema Corte de que permitir segregação racial na educação pública era inconstitucional.

> **"Separá-las de outras crianças de idade e qualificações similares apenas por causa da raça gera uma sensação de inferioridade."**
>
> Juiz Earl Warren

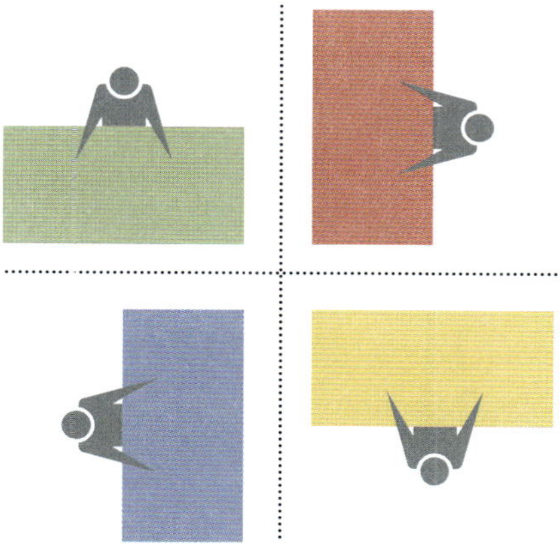

Conflito
Um ambiente de sala de aula competitivo, combinado com hostilidades raciais, encorajou os alunos a discriminarem uns aos outros.

REDUZINDO O PRECONCEITO

Em 1971, Elliot Aronson foi convidado a orientar escolas dessegregadas sobre como eliminar as brigas, a discriminação e os crimes de ódio que tinham se tornado endêmicos. Aronson desenvolveu a "sala de aula quebra-cabeça", uma técnica de ensino elaborada para reduzir o preconceito racial e facilitar a aprendizagem. Os professores dividiam a sala de aula em grupos diversificados e dividiam as tarefas em partes que o grupo tinha que juntar como um quebra-cabeça. Isso fez os alunos precisarem uns dos outros para completar a tarefa e reduziu eventos de preconceito e estereotipação.

Cooperação
Aronson elaborou a sala de aula quebra-cabeça para criar um ambiente cooperativo. Isso permitiu que os alunos alcançassem os objetivos da equipe trabalhando em grupo.

EXPLORANDO ETNIAS

Nos anos 1980, Jean Phinney investigou o processo pelo qual as pessoas jovens de minorias étnicas entendem suas identidades racial e cultural. Ela propôs que os indivíduos passam por três estágios de desenvolvimento: o de "identidade étnica não examinada"; o de "busca da identidade étnica" (no qual eles examinam sua herança cultural); e o de "realização da identidade étnica" (no qual eles entendem e aceitam sua identidade). Mais recentemente, os pesquisadores formaram o "Grupo de Estudo de Identidade Étnica e Racial no Século XXI", que revisa e desenvolve o trabalho de Phinney e outros.

Identidade não examinada
Uma criança pode não examinar sua etnia e conscientemente aceitar os valores da sociedade em que vive.

Busca pela identidade
Quando adolescente, a mesma pessoa pode encontrar uma variedade de identidades étnicas e procurar sua própria noção de identidade.

Realização de identidade
A maioria dos adultos entende e aceita sua identidade étnica, assim como as diferenças entre seu grupo étnico e a sociedade em geral.

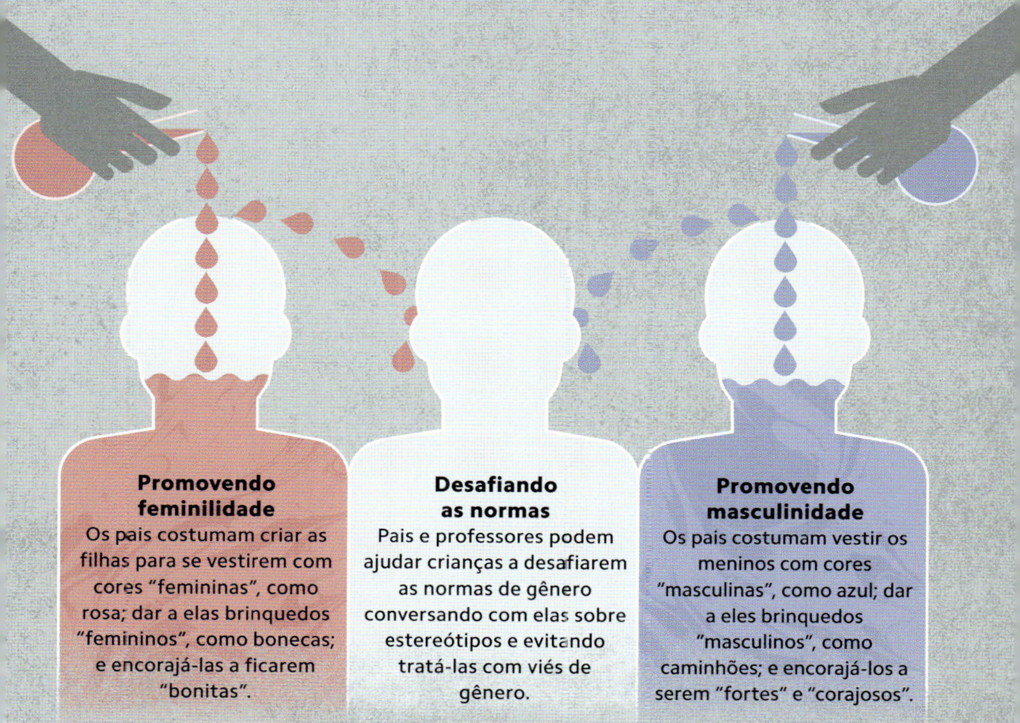

MENINO OU MENINA?

Tradicionalmente, os psicólogos acreditavam que diferenças naturais e biológicas entre os cérebros dos homens e das mulheres determinam diferenças em seus sentimentos e comportamentos. Entretanto, as pesquisas já mostraram que, embora a maioria das pessoas nasça com corpo masculino ou feminino, o ambiente cultural em que elas crescem tem impacto maior para que elas se desenvolvam seguindo sentimentos ou comportamentos de estereótipos "masculinos" ou "femininos". Por esse motivo, a maioria dos psicólogos distingue entre o sexo físico da pessoa (normalmente masculino ou feminino) e seu gênero (se a pessoa se considera homem, mulher, ambos ou nenhum).

ESTEREÓTIPOS DE GÊNERO

No começo dos anos 1970, Eleanor Maccoby observou que os estudos científicos relacionados a sexo e gênero tendiam a enfatizar as diferenças entre mulheres e homens, e não as similaridades. Na busca de desafiar os estereótipos de gênero, Maccoby explorou os fatores biológicos, cognitivos e sociais que contribuem para a diferença entre os sexos. Ela descobriu que as influências biológicas não são tão importantes quanto os psicólogos acreditavam: influências parentais, sociais e culturais têm o mesmo impacto.

> **"[...] a maior parte do que vemos como diferenças, as diferenças essenciais entre os sexos, são mito."**
>
> Eleanor Maccoby

Nos anos 1970, Lorna Wing sugeriu que o autismo existe em um espectro (p. 110). Mais tarde, os pesquisadores questionaram por que o autismo parece ocorrer com mais frequência em homens. Em 2002, Simon Baron-Cohen teorizou que a exposição à testosterona no útero contribui com diferenças cognitivas entre os sexos e que, em média, o cérebro "feminino" é programado para ter empatia enquanto o cérebro "masculino" para sistematizar. A teoria do "cérebro masculino extremo" de Simon propôs que as pessoas com autismo têm cérebros mais "sistematizantes" (embora ele tenha enfatizado que isso não quer dizer que sejam "hipermasculinos" ou incapazes de empatia).

TIPOS DIFERENTES DE CÉREBRO?

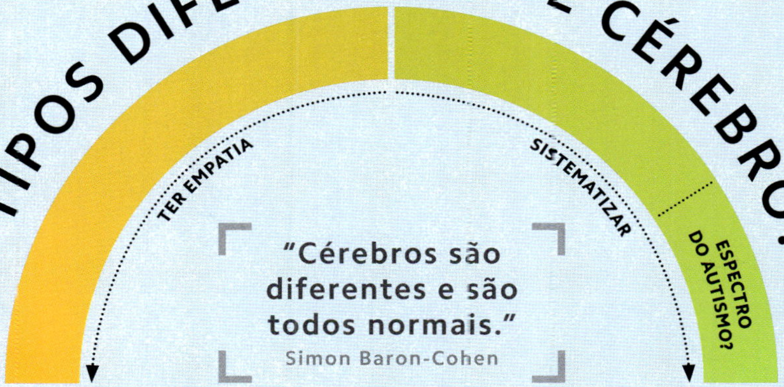

Estudos mais recentes lançaram dúvida sobre a teoria de Baron-Cohen, enquanto outros pesquisadores a desafiaram. Os cientistas ainda estão investigando a relação entre sexo, gênero, desenvolvimento infantil e autismo: em particular, por que homens costumam ser diagnosticados mais cedo (p. 110) e como o autismo cruza com diversidade de gênero.

O EU
E
A SOCI

EDADE

No começo do século xx, os psicólogos experimentais estudavam basicamente os pensamentos e comportamentos de indivíduos. Entretanto, foi ficando cada vez mais claro que nosso pensamento e comportamento é muito influenciado pela nossa interação com as outras pessoas, e o campo da psicologia social foi desenvolvido para estudar essa influência. Os psicólogos sociais examinam as formas pelas quais os indivíduos são afetados pela sociedade, em particular a natureza do preconceito, da persuasão, da conformidade e da obediência, e as formas pelas quais as pessoas se relacionam em grupos e umas com as outras. O trabalho deles influenciou muitos aspectos da sociedade, desde a criação de comunidades mais seguras à formação de times esportivos.

ANIMAIS SOCIAIS

No começo do século XX, John Dewey argumentou que os seres humanos são essencialmente de natureza social e que os psicólogos deveriam, portanto, estudar as sociedades e não os indivíduos. Seguindo o naturalista Charles Darwin, Dewey propôs que a nossa mente, assim como o nosso corpo, é produto da evolução e que nós evoluímos para cooperar uns com os outros. Repudiando anos de pensamento, Dewey argumentou também que a mente não observa passivamente o mundo, mas engaja ativamente com ele e se adapta aos nossos ambientes social e cultural.

O ESPAÇO VITAL

Nos anos 1940, Kurt Lewin argumentou que os psicólogos deveriam estudar como os indivíduos interagem com o mundo conforme eles o percebem. Conhecido como teoria de campo, o trabalho dele analisa as pessoas considerando todo o seu ambiente físico, social e psicológico, que ele chamou de "espaço vital". Lewin comparou esse espaço a um campo no qual as "forças psíquicas", inclusive suposições sobre o mundo, formatam como cada um de nós age. Para Lewin, o comportamento humano é resultado de uma interação ativa entre a pessoa e seu ambiente, e por isso só pode ser entendido em contextos particulares e individuais.

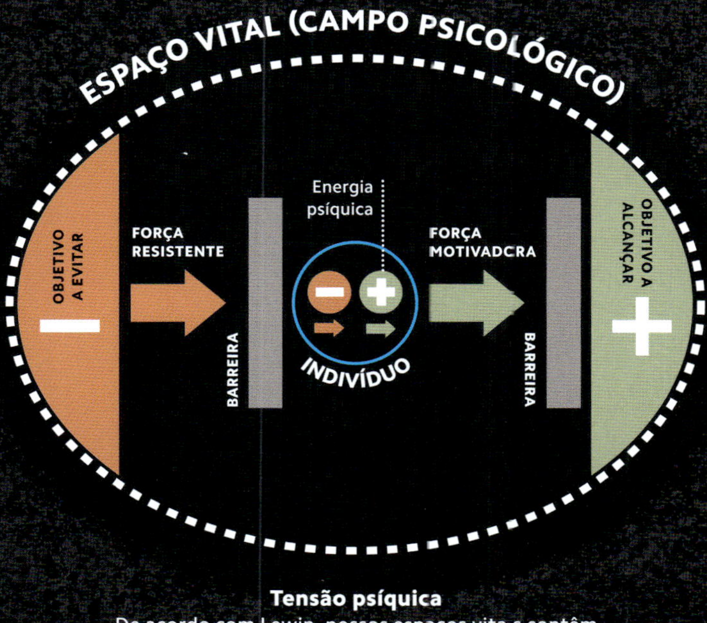

Tensão psíquica
De acordo com Lewin, nossos espaços vitais contêm tensões entre o que queremos alcançar e o que queremos evitar, e nós precisamos constantemente tentar superar barreiras para obter sucesso.

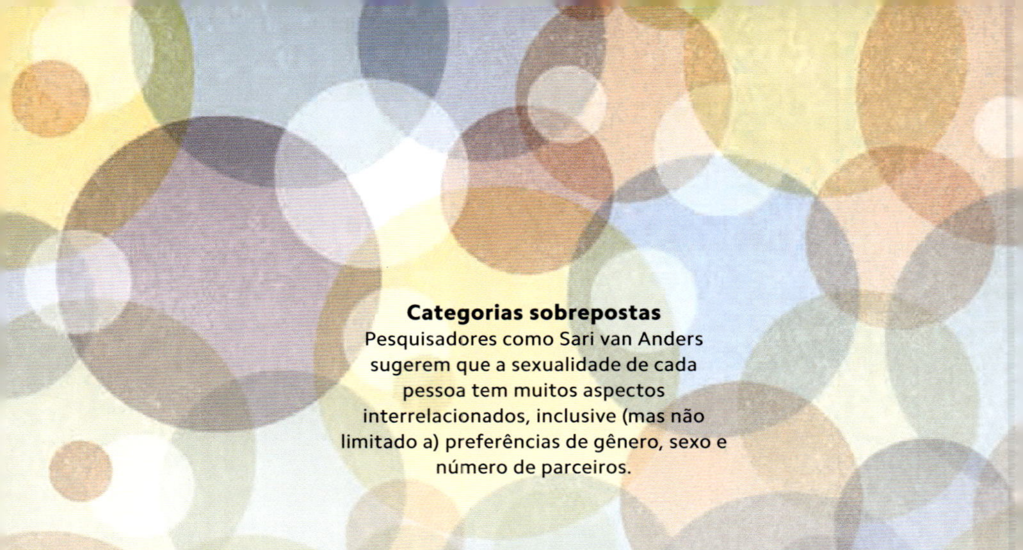

Categorias sobrepostas
Pesquisadores como Sari van Anders sugerem que a sexualidade de cada pessoa tem muitos aspectos interrelacionados, inclusive (mas não limitado a) preferências de gênero, sexo e número de parceiros.

PESQUISANDO SEXUALIDADE

Em 1948, Alfred Kinsey produziu um dos primeiros estudos psicológicos sobre orientação sexual. Embora progressista na época, limitava a sexualidade a sete categorias, inclusive homossexual, heterossexual e bissexual. Atualmente, o conceito de orientação sexual se ampliou para incorporar múltiplas expressões de sexualidade, com foco em determinar fatores como a forma como uma pessoa se autoidentifica, além de atrações sexuais, comportamento, fantasias e estilo de vida em geral. Alguns pesquisadores não consideram mais a sexualidade um conceito rígido e sugerem que ainda estão trabalhando para descrever e explicar muitas dimensões diferentes.

ESCALA KINSEY

Contínuo sexual
Kinsey designou uma escala de sete pontos que colocava a sexualidade como um contínuo. Ele propôs que a orientação sexual era fluida e mutável com o tempo.

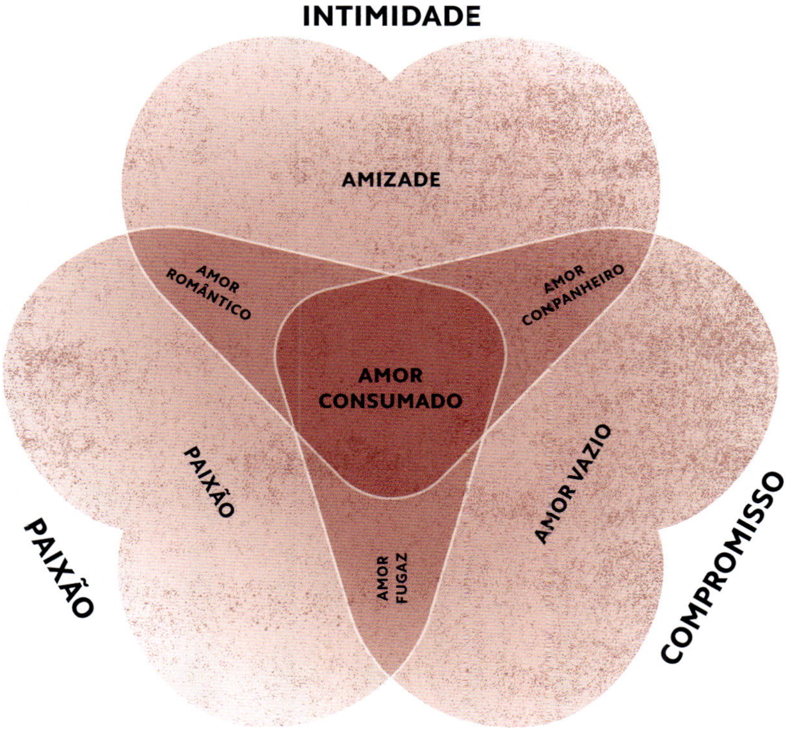

SETE TIPOS DE AMOR

A teoria triangular do amor de Robert Sternberg determina que as relações interpessoais consistem em três elementos-chave: intimidade, paixão e compromisso. Ele declara que cada elemento é distinto, mas os três são interrelacionados e podem ser vivenciados em graus variados em uma relação. Sternberg argumenta que eles dão origem a sete tipos de amor quando combinados de formas diferentes, e que eles podem mudar com o tempo. Ele também descreve o "amor consumado" como a forma ideal de amor, porque contém os três elementos.

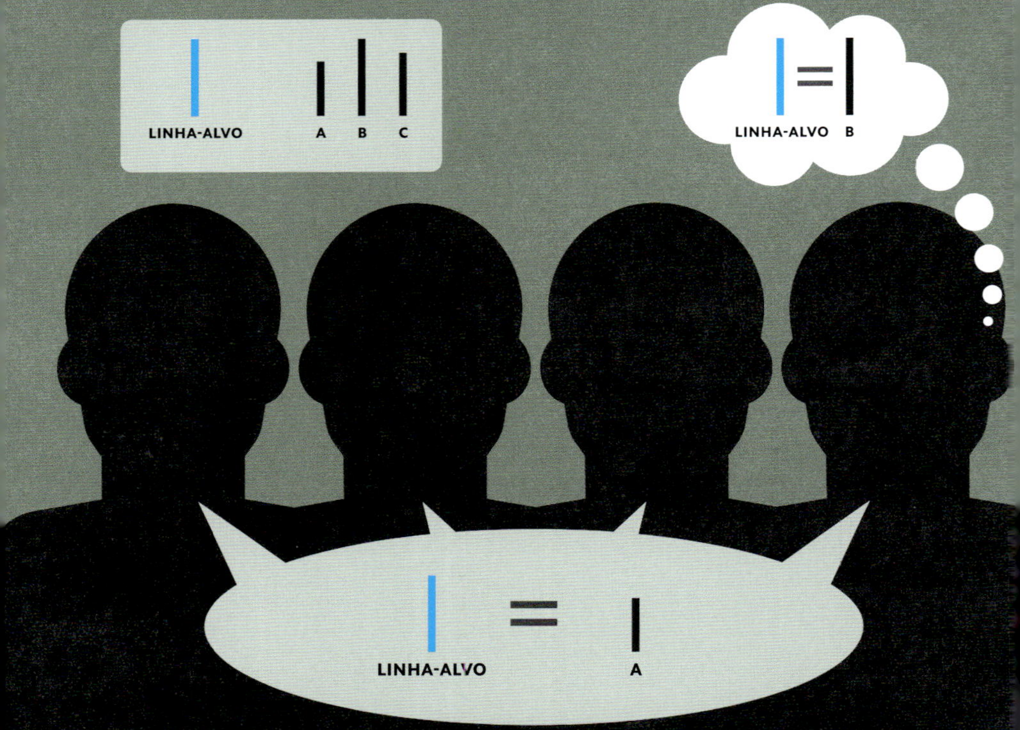

REGRAS DA MAIORIA

Em 1951, Solomon Asch conduziu uma série de experimentos que demonstraram que as pessoas podem ser influenciadas pelo comportamento dos outros. Ele formou grupos em que misturou voluntários e atores, que sabiam o verdadeiro objetivo do experimento, mas fingiam ser voluntários como eles. Cada grupo recebia então um cartão com linhas de vários tamanhos desenhadas. Quando perguntaram quais linhas eram do mesmo tamanho da "linha-alvo", os atores identificavam a linha incorreta. Apesar de os verdadeiros voluntários saberem que os outros "voluntários" estavam errados, a maioria escolhia concordar com a resposta errada.

FIGURAS DE AUTORIDADE

Nos anos 1960, Stanley Milgram executou um experimento no qual um grupo de pesquisadores persuadiu inúmeros voluntários a questionarem um sujeito de teste e a puni-lo com choques elétricos cada vez mais severos se ele não respondesse corretamente. Apesar de relutarem em fazer isso, mais da metade dos voluntários deu os choques elétricos. Na verdade, os choques eram falsos, e o sujeito que os recebia era um ator. Entretanto, o experimento demonstrou que, em certas circunstâncias, as pessoas podem ser facilmente persuadidas a agirem contra a própria consciência. Milgram acreditava que somos todos preparados desde cedo a obedecer a figuras de autoridade.

> **"As pessoas comuns [...] sem qualquer hostilidade específica da parte delas, podem se tornar agentes de um processo destrutivo terrível."**
>
> Stanley Milgram

PERCEPÇÃO DE PODER

Em 1971, Philip Zimbardo decidiu tentar entender como nos comportamos quando acreditamos que temos poder sobre os outros. Ele recrutou voluntários para participarem de um experimento que simulava um ambiente de prisão e designou um papel para cada um, de guarda ou prisioneiro. Apesar de saber que eram parte de um experimento, os participantes assumiram seus papéis com seriedade, mudando o comportamento de forma intensa: por exemplo, os guardas se tornaram atipicamente agressivos. O experimento foi encerrado devido a preocupações com o bem-estar dos prisioneiros, que logo deram sinais de perturbação emocional.

Guardas
Todos os guardas levaram seus papéis muito a sério. Eles ameaçavam os prisioneiros fisicamente e insistiam para que executassem tarefas humilhantes, como esfregar as privadas com as mãos.

Prisioneiros
Alguns dos prisioneiros se concentraram em seguir as regras da prisão, ao ponto de se voltarem contra os outros prisioneiros. Outros se rebelaram fazendo uma barricada nas próprias celas.

O CONTEXTO IMPORTA

Em 1972, Elliot Aronson sugeriu que muitas vezes nos comportamos de formas que não refletem nossa verdadeira personalidade. Ele argumentou que somos influenciados por forças sociais poderosas que executam um papel bem maior em nossas vidas do que gostaríamos de admitir. De acordo com Aronson, para entender alguém que se comporta de forma incomum, os psicólogos precisam considerar o comportamento dessa pessoa dentro do contexto social maior dela, e não apenas examinando a personalidade para ver onde "deu errado". Ele fez essa observação no que chamou de "Primeira Lei de Aronson": "As pessoas que fazem loucuras não são necessariamente loucas".

"Louca"
Quando uma pessoa se comporta de forma incomum, os outros podem supor que há algo errado com a personalidade dela.

Não tão louca
Mas o comportamento incomum de uma pessoa pode não parecer tão "louco" quando visto dentro do contexto social que dá origem a ele.

FARINHA POUCA, MEU PIRÃO PRIMEIRO

Nos anos 1950, Muzafer Sherif elaborou o experimento "Caverna do Ladrão" para investigar o que acontece quando dois grupos de meninos são reunidos para competir por objetivos específicos. Sherif descobriu que o conflito entre os grupos aumenta quando só pode haver um lado vencedor. Entretanto, quando um objetivo é alcançado com mais facilidade por meio de colaboração, o conflito diminui e os grupos unem forças para trabalharem juntos.

Conflito
Quando um objetivo é de fornecimento limitado, de forma que só um lado pode vencer, os dois grupos entram em conflito.

Cooperação
Quando atingir um objetivo em comum requer colaboração, os dois grupos deixam o conflito de lado.

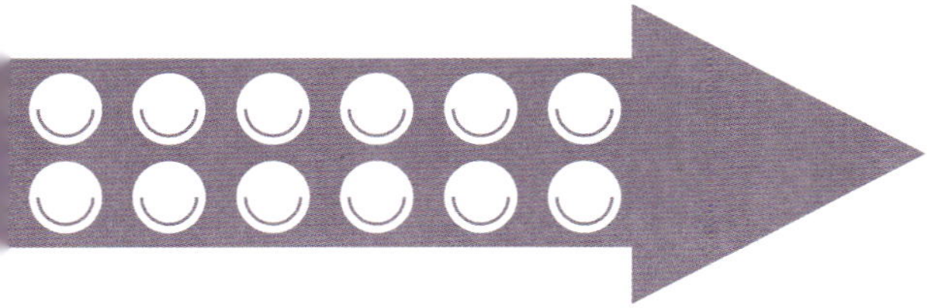

Muitos espectadores
Os indivíduos em um grupo têm menos probabilidade de ajudar em uma emergência. Cada um tem uma sensação menor de responsabilidade.

EVITANDO RESPONSABILIDADE

Proposta pela primeira vez em 1964, a teoria do "efeito espectador" sugere que um indivíduo que é parte de um grupo de espectadores tem menos probabilidade de ajudar um estranho numa emergência do que um indivíduo solitário. Em 1968, John Darley e Bibb Latané argumentaram que isso ocorre porque as pessoas têm medo de ficar constrangidas se interpretarem uma situação errado, e porque elas supõem que as outras pessoas estão mais qualificadas para ajudar do que elas. Darley e Latané chamaram esse fenômeno de "difusão de responsabilidade".

Único espectador
Indivíduos sozinhos têm mais chance de ajudar numa emergência. Eles têm uma sensação aumentada de responsabilidade pessoal.

PREFERINDO O FAMILIAR

Durante a segunda metade do século xx, Robert Zajonc descobriu que, depois de expor as pessoas repetidamente a um objeto específico, elas preferiam aquele objeto em comparação a outros. Com base nas descobertas, Zajonc concluiu que quando um objeto nos é familiar tendemos a gostar mais dele. Ele chamou essa tendência de "efeito da mera exposição". Ele repetiu o estudo usando estímulos diferentes, como quadros, palavras, símbolos e músicas, e todos demonstraram resultados semelhantes, com indivíduos demonstrando preferência por estímulos familiares.

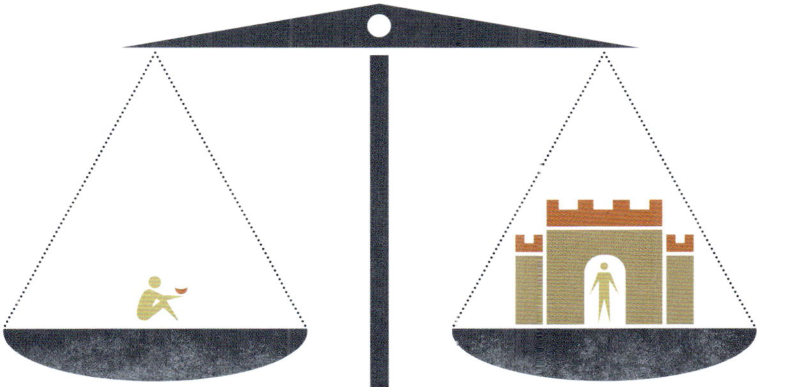

"Coisas ruins acontecem com pessoas ruins"
De acordo com a teoria do mundo justo, se uma pessoa está sofrendo, ela deve ter feito algo para merecer isso.

"Coisas boas acontecem com pessoas boas"
Da mesma forma, de acordo com a mesma teoria, se uma pessoa tem uma vida feliz, ela deve ser uma pessoa boa.

ELES MERECEM?

Em meados do século XX, Melvin Lerner investigou a hipótese do "mundo justo": a necessidade humana de acreditar que o mundo é justo e que qualquer injustiça nele é explicável. Lerner argumentou que tentamos nos proteger da ameaça de um mundo injusto adotando a crença de que "as pessoas têm o que merecem". Ao acreditar que coisas boas acontecem com pessoas boas e que coisas ruins só acontecem com pessoas ruins, podemos nos convencer de que a justiça é feita, mesmo que, na realidade, não seja. Mais ainda, se acreditarmos que a infelicidade de alguém é resultado do comportamento dessas pessoas, podemos nos tranquilizar de que a mesma infelicidade não vai nos acontecer, desde que evitemos aquele comportamento.

SUPOSIÇÕES

No começo dos anos 1950, Gordon Allport explorou o processo psicológico por trás do preconceito e desenvolveu uma teoria de que o preconceito ocorre quando categorizamos pessoas em grupos sociais separados. A categorização permite que nosso cérebro simplifique informações novas, mas pode nos levar a criar estereótipos. Por exemplo, podemos supor erroneamente que todos os membros de um grupo social específico exibem certas características negativas. Isso pode influenciar como tratamos os membros desse grupo. Allport argumentou que é vital desafiar esse tipo de suposição, e o trabalho dele encorajou alguns governos a aplicarem políticas e leis antidiscriminatórias.

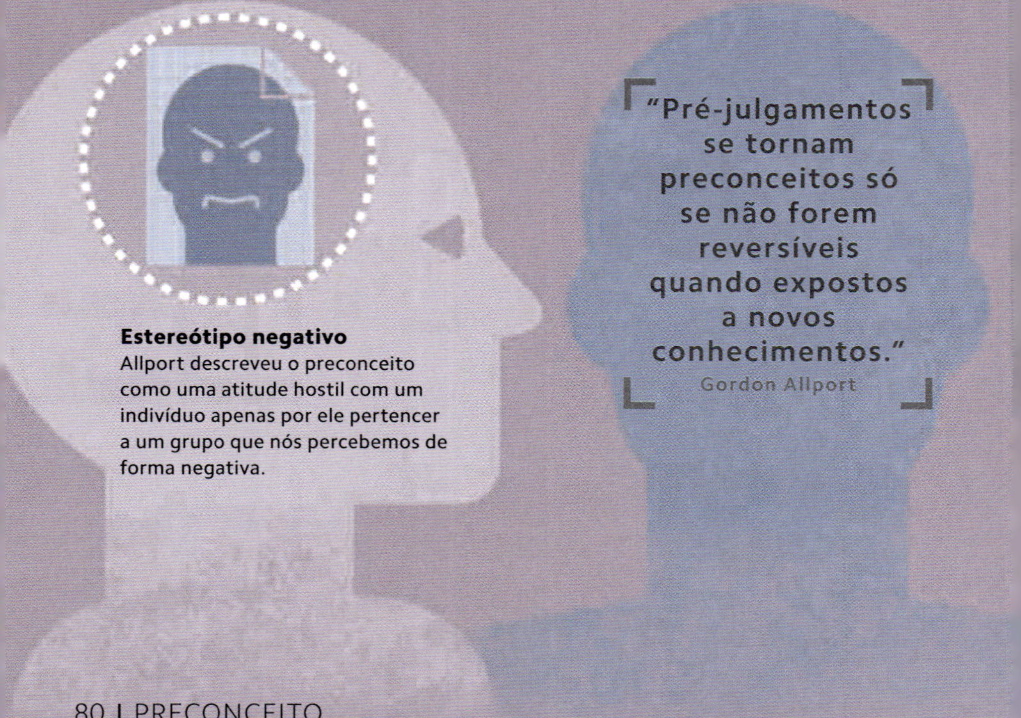

Estereótipo negativo
Allport descreveu o preconceito como uma atitude hostil com um indivíduo apenas por ele pertencer a um grupo que nós percebemos de forma negativa.

> **"Pré-julgamentos se tornam preconceitos só se não forem reversíveis quando expostos a novos conhecimentos."**
> Gordon Allport

UMA QUESTÃO DE OPINIÃO?

Elaborada por Janet T. Spence e Robert L. Helmreich em 1972, a Escala de Atitudes para com Mulheres é um questionário que consiste em uma série de declarações sobre os papéis e direitos das mulheres na sociedade em comparação aos homens. As declarações abrangem tópicos como vocação, liberdade, independência, educação, etiqueta, comportamento sexual e relacionamentos. As pessoas pesquisadas indicam o quanto concordam ou discordam, e os pesquisadores pontuam cada resposta em uma escala que vai de "fortemente conservador" (tradicional) a "igualitário" (liberal ou pró-feminista). Pesquisas com a escala mostraram que as atitudes ficaram menos conservadoras desde que ela foi elaborada, com as mulheres tendo visões mais igualitárias do que os homens.
Os pesquisadores desenvolveram escalas similares para medir atitudes em relação a pessoas trans e com não conformidade de gênero.

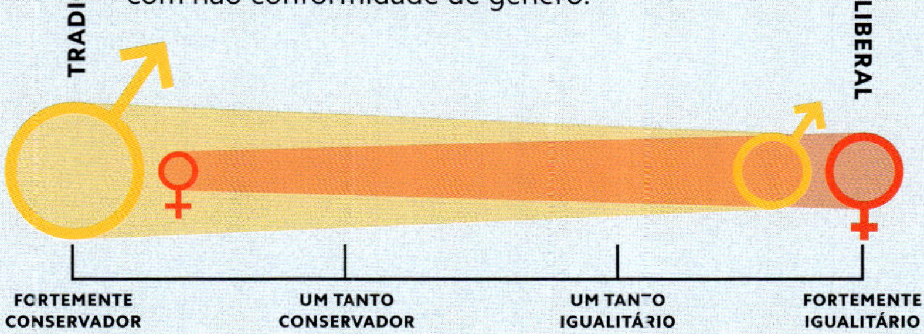

Gestão de mudança

O modelo de gestão de mudança de Kurt Lewin é um processo de três etapas. Durante a etapa de "descongelamento", os líderes explicam por que a mudança é necessária; durante a etapa da "mudança", as pessoas começam a usar os novos métodos; durante o estágio de "recongelamento", os funcionários abraçam e implementam a mudança.

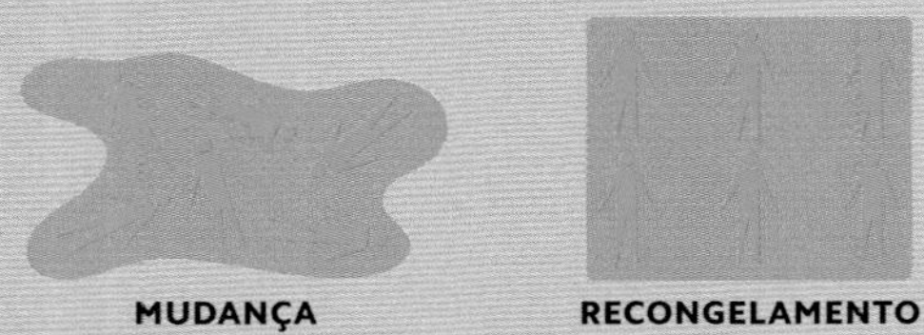

Teoria X e Teoria Y

Douglas McGregor propôs que havia dois estilos de gestão. Os gerentes da "Teoria X" supõem que a equipe não gosta do trabalho e usa métodos autoritários e estilo "mão na massa". Os gerentes da "Teoria Y" supõem que a equipe gosta do trabalho e confia nela para trabalhar com eficiência sozinha.

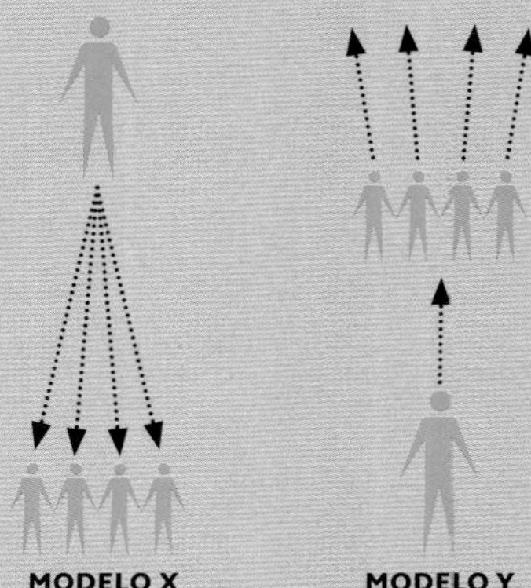

ESTUDANDO ORGANIZAÇÕES

Os psicólogos organizacionais estudam o comportamento de organizações como um todo, e o comportamento das pessoas dentro delas. Eles identificam os princípios que governam o comportamento dos funcionários, como grupo e como indivíduos, e usam os dados coletados para resolver problemas no ambiente de trabalho. Isso pode incluir mudanças na cultura de uma organização, para que os funcionários sejam mais eficazes, ou pode ajudar gerentes a recrutar e manter colaboradores. Observar e modificar o comportamento, a dinâmica e os sistemas de uma organização são jeitos importantes de garantir que ela funcione da melhor forma. São muitas as teorias para ajudar nesse processo, entre elas as mostradas aqui.

Justiça organizacional
Jerald Greenberg usou o termo "justiça organizacional" para descrever a percepção de um funcionário acerca da justiça com que a organização trata os colaboradores. A sensação de justiça provoca boas atitudes e comportamentos; a sensação de injustiça cria atitudes e comportamentos ruins.

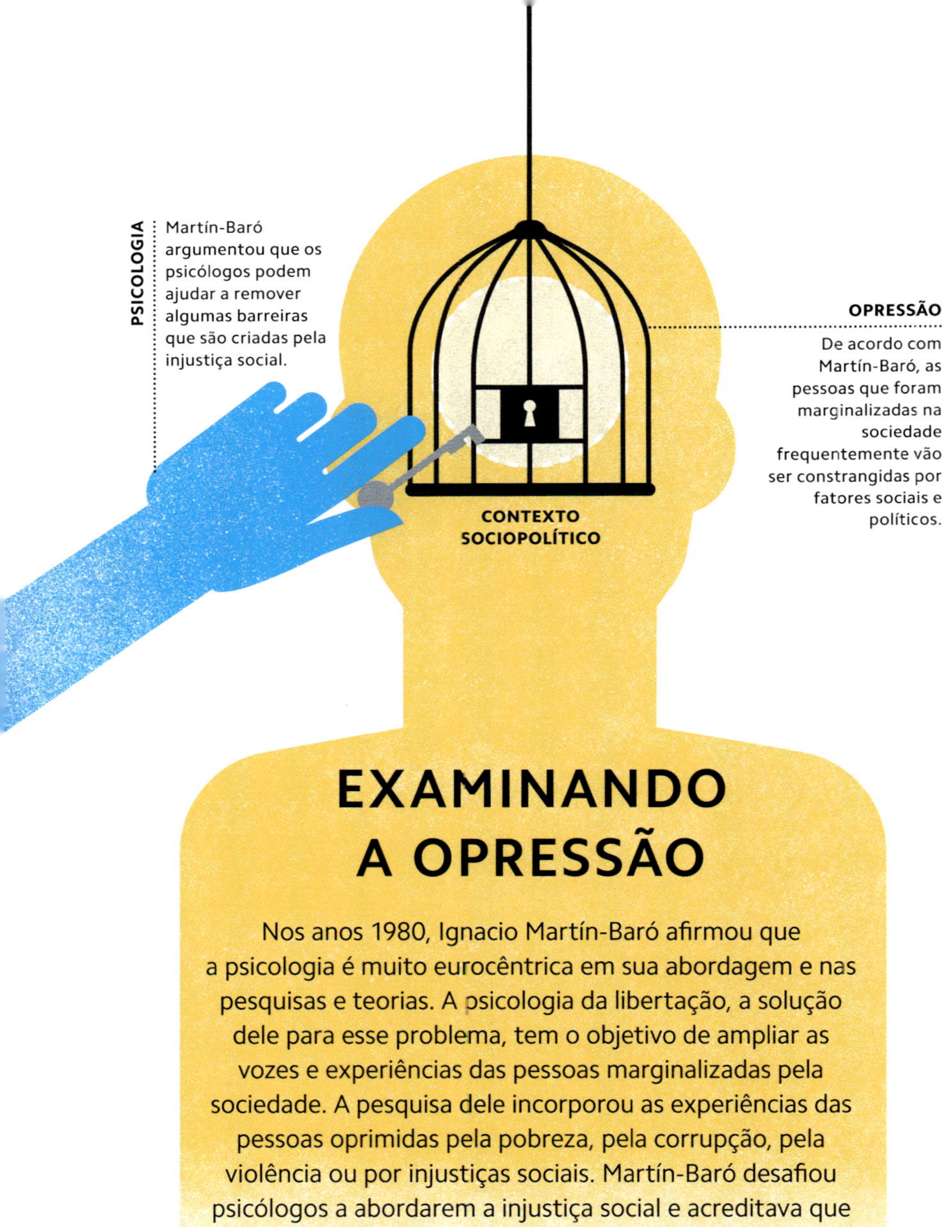

EXAMINANDO A OPRESSÃO

Nos anos 1980, Ignacio Martín-Baró afirmou que a psicologia é muito eurocêntrica em sua abordagem e nas pesquisas e teorias. A psicologia da libertação, a solução dele para esse problema, tem o objetivo de ampliar as vozes e experiências das pessoas marginalizadas pela sociedade. A pesquisa dele incorporou as experiências das pessoas oprimidas pela pobreza, pela corrupção, pela violência ou por injustiças sociais. Martín-Baró desafiou psicólogos a abordarem a injustiça social e acreditava que a psicologia é a chave para mudar as políticas que afetam pessoas em situação de impotência para se defenderem.

LIVRE PARA ESCOLHER

Em 1998, William Glasser desenvolveu a teoria da escolha. Segundo ele, temos liberdade para escolher como nos comportar, mesmo que não estejamos cientes da escolha; e não podemos controlar o comportamento das outras pessoas, só o nosso. Glasser argumentou que somos geneticamente movidos a satisfazer cinco necessidades básicas (abaixo), mas que podemos escolher ativamente como nos comportar para garantir que essas necessidades sejam satisfeitas. Ele considerou o amor a mais vital das cinco necessidades, acreditando que temos que nos conectar com pessoas para satisfazer todas as outras necessidades.

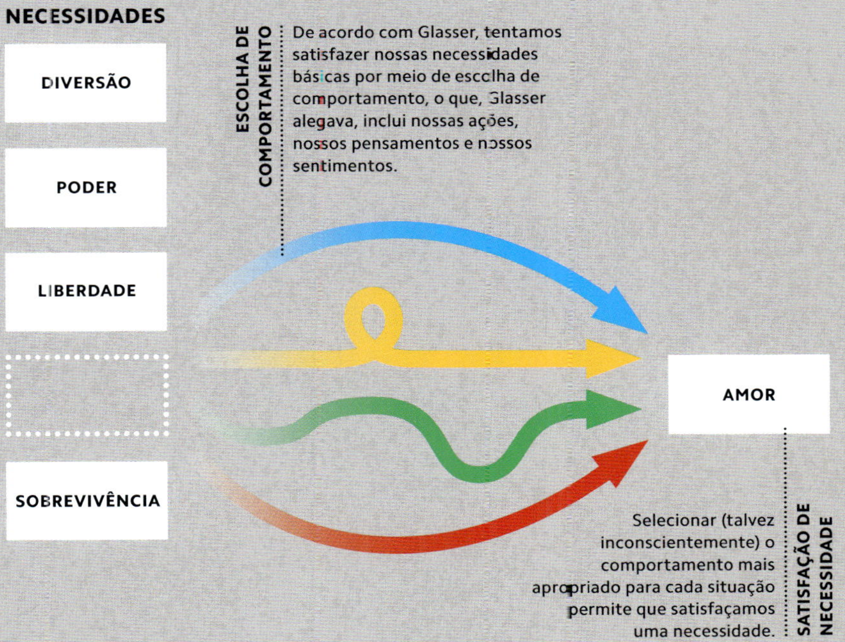

PENSAM

E

PROCE

ENTOS

SSOS

Na segunda metade do século XX, os psicólogos começaram a abandonar o behaviorismo (p. 32-35) em favor da psicologia cognitiva: um campo de estudo baseado na ideia de que os pesquisadores podem estudar a cognição (o que se passa na mente) sem ser por meio do comportamento. Também supõe que a mente é como um processador de informações que funciona no hardware (ou "*wetware*") do nosso cérebro. Analisar a mente assim levou a novos entendimentos sobre muitos processos mentais – inclusive memória, percepção, atenção, tomada de decisões e solução de problemas – e até lançou uma luz sobre o que significa ser consciente.

Autoconsciência
Um aspecto importante da consciência, a autoconsciência é efetivamente o estado de estar ciente de que estamos cientes de alguma coisa.

A MENTE CONSCIENTE

A palavra "consciência" tem vários significados, indo de apenas estar acordado a ter uma sensação do "eu". Estar consciente inclui ter percepção de pensamentos e sentimentos, assim como do mundo externo de objetos físicos. Entretanto, como a consciência é amplamente uma experiência subjetiva (pessoal), é difícil defini-la em termos objetivos (factuais). Por esse motivo, os cientistas se concentram em tentar entender o que causa a consciência em vez de tentar defini-la.

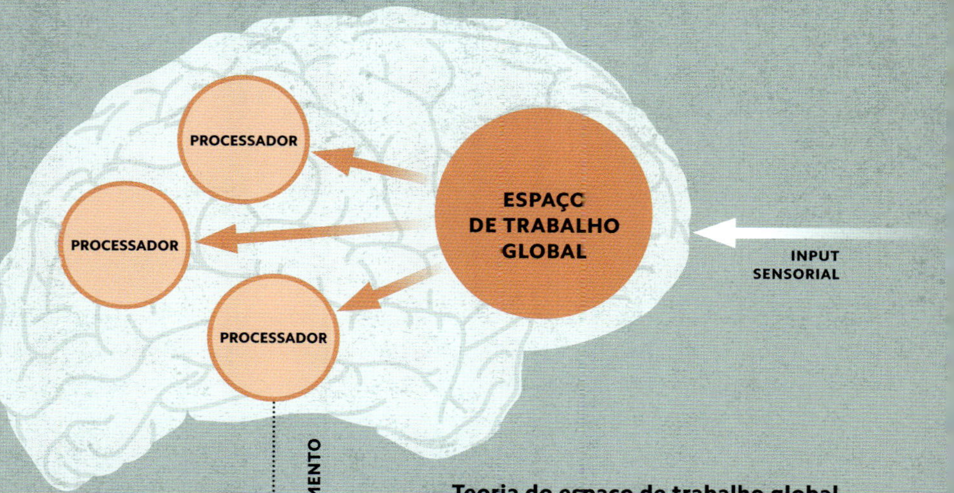

As partes inconscientes do cérebro dão sentido à informação recebida pela parte consciente.

Teoria do espaço de trabalho global
De acordo com essa teoria, uma parte do cérebro vivencia conscientemente as informações sensoriais antes de as enviarem aos diferentes centros para o processamento inconsciente.

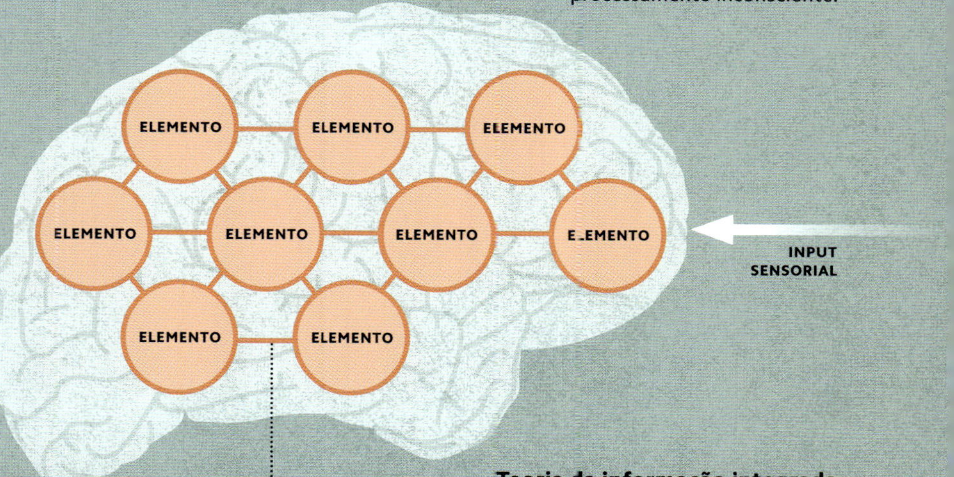

Os elementos físicos do cérebro reagem uns aos outros, o que forma uma rede que se comporta como um todo cognitivo.

Teoria da informação integrada
Essa teoria afirma que o nível de consciência de um sistema depende do grau em que as várias partes interconectadas podem "integrar" (compartilhar) informação.

PROCESSANDO SENSAÇÕES

Nosso cérebro recebe informações sobre o mundo por meio dos órgãos sensoriais e do sistema nervoso. Vivenciamos essas informações como sensações, sejam elas imagens, sons ou cheiros. Porém, antes de ter utilidade para nós, todas essas informações sensoriais precisam ser identificadas, organizadas e interpretadas, o que é feito de forma inconsciente pelo nosso cérebro. Esse processo de reunir e estruturar as informações sensoriais é o que os psicólogos chamam de "percepção".

A maioria dos psicólogos concorda que, por meio da experiência, podemos construir um conjunto de conhecimentos, inclusive modelos do mundo como o entendemos e como esperamos que seja.

CONHECIMENTO, MODELOS E EXPECTATIVAS

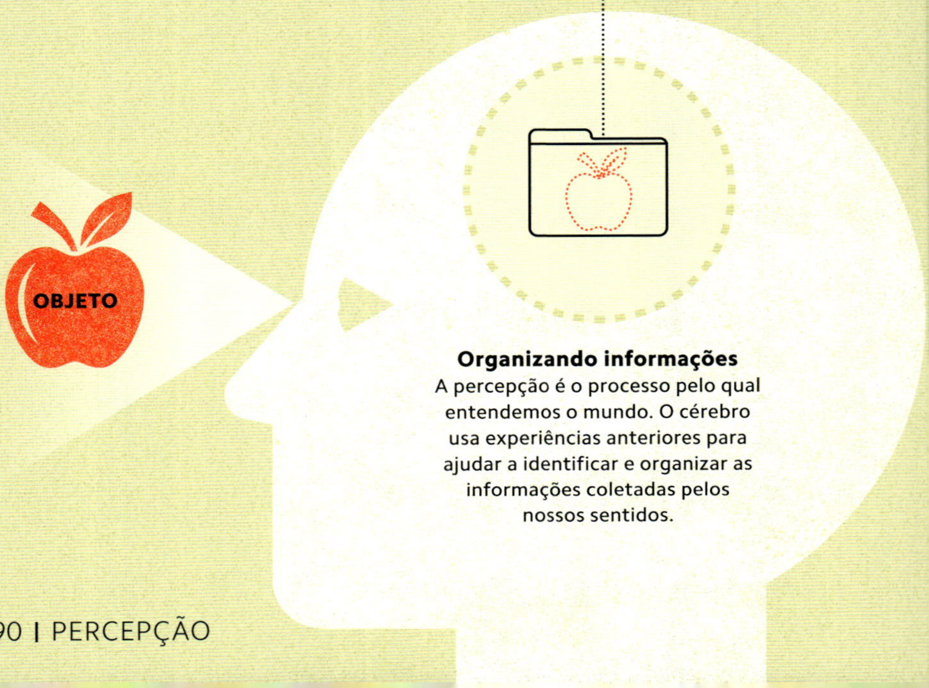

Organizando informações
A percepção é o processo pelo qual entendemos o mundo. O cérebro usa experiências anteriores para ajudar a identificar e organizar as informações coletadas pelos nossos sentidos.

ORIENTADO PELOS DADOS

No processamento de baixo para cima, as informações brutas e não interpretadas são enviadas dos órgãos sensoriais para o cérebro, onde são processadas e interpretadas.

Processamento de baixo para cima

Ocorre quando vivenciamos algo diretamente, sem referência a nenhum conhecimento anterior, modelos ou expectativas. É um processo de sensação e não de interpretação.

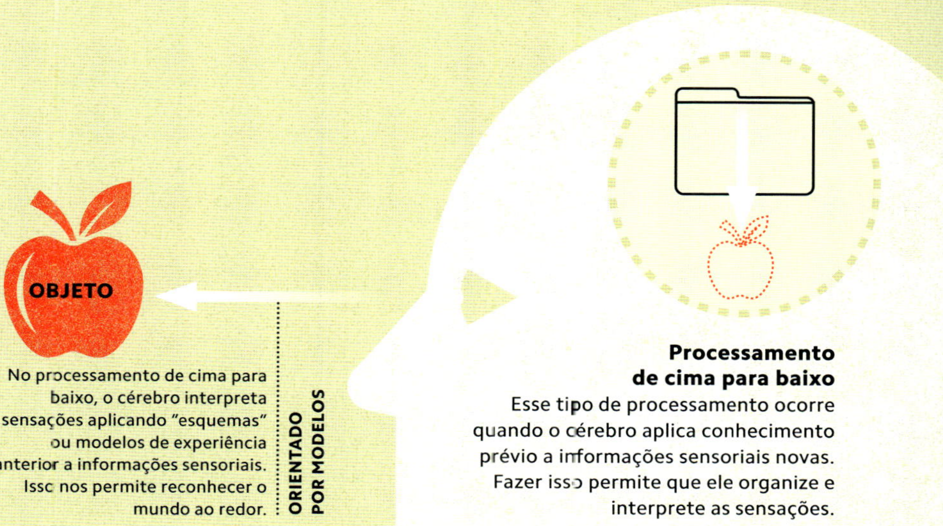

ORIENTADO POR MODELOS

No processamento de cima para baixo, o cérebro interpreta sensações aplicando "esquemas" ou modelos de experiência anterior a informações sensoriais. Isso nos permite reconhecer o mundo ao redor.

Processamento de cima para baixo

Esse tipo de processamento ocorre quando o cérebro aplica conhecimento prévio a informações sensoriais novas. Fazer isso permite que ele organize e interprete as sensações.

Correspondência de protótipos
O cérebro compara um objeto com uma imagem composta, ou "protótipo", que ele tem compilada com base nas experiências de objetos similares.

Correspondência de modelo
O cérebro identifica um objeto comparando-o a vários "modelos": lembranças de exemplos diferentes de objetos similares.

Análise de características
O cérebro detecta as características detalhadas individuais de um objeto e as compara com lembranças de objetos com características semelhantes.

Reconhecimento de componentes
O cérebro compara as formas de partes que compõem um objeto, como as folhas ou o cabo de uma maçã, com formas similares que estão armazenadas na memória.

IDENTIFICANDO OBJETOS

Quando vemos um objeto, nosso cérebro precisa identificar o que é. Ele faz isso comparando o objeto com imagens de outros objetos que já vimos antes, que estão guardadas na memória. Esse processo é conhecido como "reconhecimento de padrões". Os psicólogos têm atualmente quatro teorias para explicar como funciona.

RAIVA

MEDO

REPULSA

SENTIMENTOS BÁSICOS

Nos anos 1970, Paul Ekman reparou que certas experiências fazem com que tenhamos reações involuntárias, como pular de medo, corar ou chorar. Essas reações são físicas, mas causadas por reações emocionais que também são involuntárias. Ekman argumentou que temos seis emoções automáticas ou "primárias": raiva, medo, repulsa, felicidade, tristeza e surpresa. De acordo com Ekman, cada um desses sentimentos provoca uma expressão facial distinta. Ele teorizou que essas expressões, que todos nós exibimos, não são aprendidas, mas respostas instintivas que evoluíram ao longo de milhões de anos.

FELICIDADE

TRISTEZA

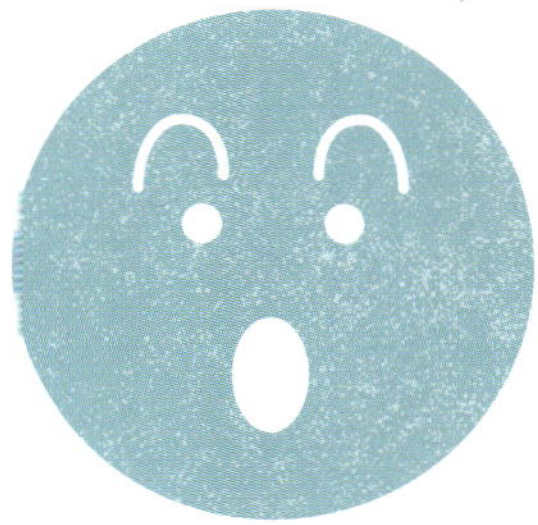

SURPRESA

MÁGICO NÚMERO SETE

No final dos anos 1950, os psicólogos mudaram para uma abordagem que via a cognição como uma espécie de sistema de processamento de informações (p. 95). Um dos pioneiros da nova "psicologia cognitiva" foi George Armitage Miller, que argumentou que a memória de curto prazo tem uma capacidade finita de aproximadamente sete itens. Ele se referiu a isso como "o mágico número sete, mais ou menos dois", uma limitação que cria um potencial gargalo, que controla o que pode ser armazenado e depois transferido para a memória de longo prazo. Por causa desse mecanismo de controle, mais tarde os psicólogos se referiram amplamente à memória de curto prazo como "memória de trabalho".

Capacidade de uns sete itens
A memória de trabalho age como um "controle executivo" e filtra tudo exceto sete itens, que podem depois ser movidos para a memória de longo prazo.

Capacidade de cerca de sete aglutinações
Para memorizar uma quantidade maior de informações, o cérebro organiza esses itens em sete categorias de coisas similares, ou "aglutinações".

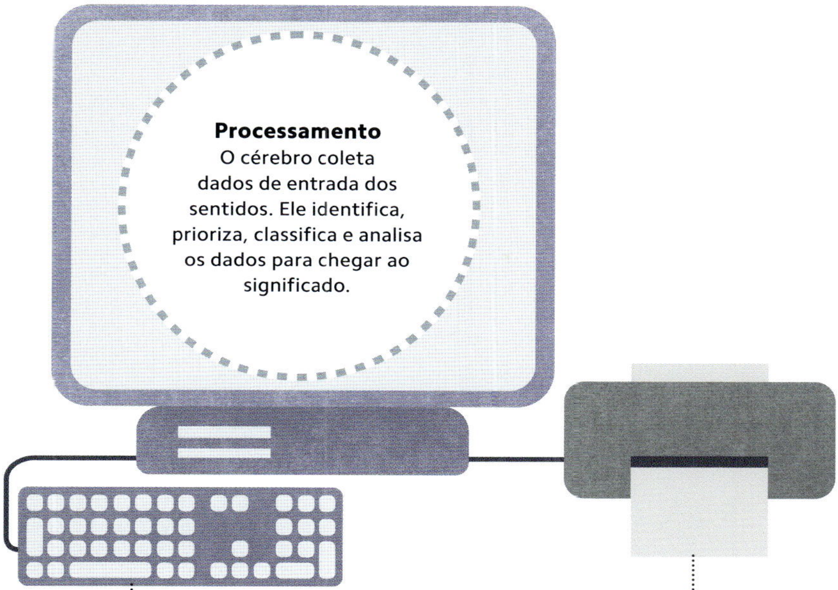

ENTRADA O corpo transmite os dados – na forma de informação captada pelos órgãos sensoriais – para o cérebro fazer o processamento.

SAÍDA Depois de processar, o cérebro guarda os dados como memória e pode usá-los para instruir o corpo a executar ações específicas.

COMPUTADOR BIOLÓGICO

Na segunda metade do século XX, os avanços na tecnologia da informação levaram os pesquisadores a descreverem o computador como uma espécie de cérebro eletrônico. Da mesma forma, alguns psicólogos propuseram que o cérebro humano é como um "computador biológico", ou processador de informações. Essa analogia é uma forma de descrever como o cérebro processa as informações sobre o mundo externo e sugere que a distinção entre cérebro e mente é comparável à distinção entre hardware e software. Assemelha o processo cognitivo – como a tomada de decisões, o armazenamento e a lembrança de memórias e a percepção – a sistemas de computador.

Informações demais
Nossa mente tem uma capacidade limitada de processar input sensorial. Quando está sobrecarregada, ela foca a atenção no que é mais relevante.

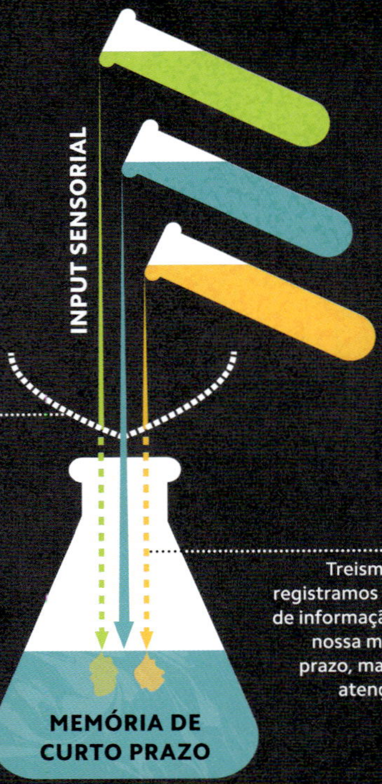

FILTRAGEM

Broadbent propôs que, para lidar com múltiplos fluxos de input sensorial, selecionamos um como foco da nossa atenção e filtramos os outros.

ATENUAÇÃO

Treisman mostrou que registramos fluxos múltiplos de informação. Eles ficam na nossa memória de curto prazo, mas nós focamos a atenção em um fluxo específico.

FOCO TOTAL

Nos anos 1950, Donald Broadbent observou que a mente humana tem uma capacidade limitada de lidar com todas as informações que recebe dos nossos sentidos. Ele argumentou que a mente tem uma espécie de filtro que foca nossa atenção em uma fonte de informações enquanto filtra as outras. Um exemplo dessa atenção seletiva é a capacidade de concentrar em uma única conversa em uma festa barulhenta, conhecida como "efeito coquetel". Anne Treisman desenvolveu essa ideia e propôs que nosso cérebro não ignora totalmente a informação que está fora do foco da nossa atenção, mas sim a "atenua" (reduz sua importância).

LUTA POR CONSISTÊNCIA

Leon Festinger observou que nossas crenças podem estar tão profundamente entranhadas que permanecem inabaláveis, mesmo perante evidências sólidas e contraditórias. Além disso, a existência de conflito entre fatos e uma crença firmemente sustentada cria uma sensação incômoda. Festinger chamou esse estado de "dissonância cognitiva" e alegou que ela pode ser aliviada com a rejeição da crença ou dos fatos. Como alternativa, argumentou ele, uma pessoa pode tentar conviver com a dissonância, mas reduzir sua exposição às situações que a revelam.

Estado dissonante
"Dissonância cognitiva" é o estado de estar dividido entre uma crença firmemente sustentada e uma prova factual que contraria a crença.

Conflito resolvido
Quando uma crença é contradita por fatos, uma pessoa pode justificar sua crença, aceitar que é errada ou minimizar a importância do problema.

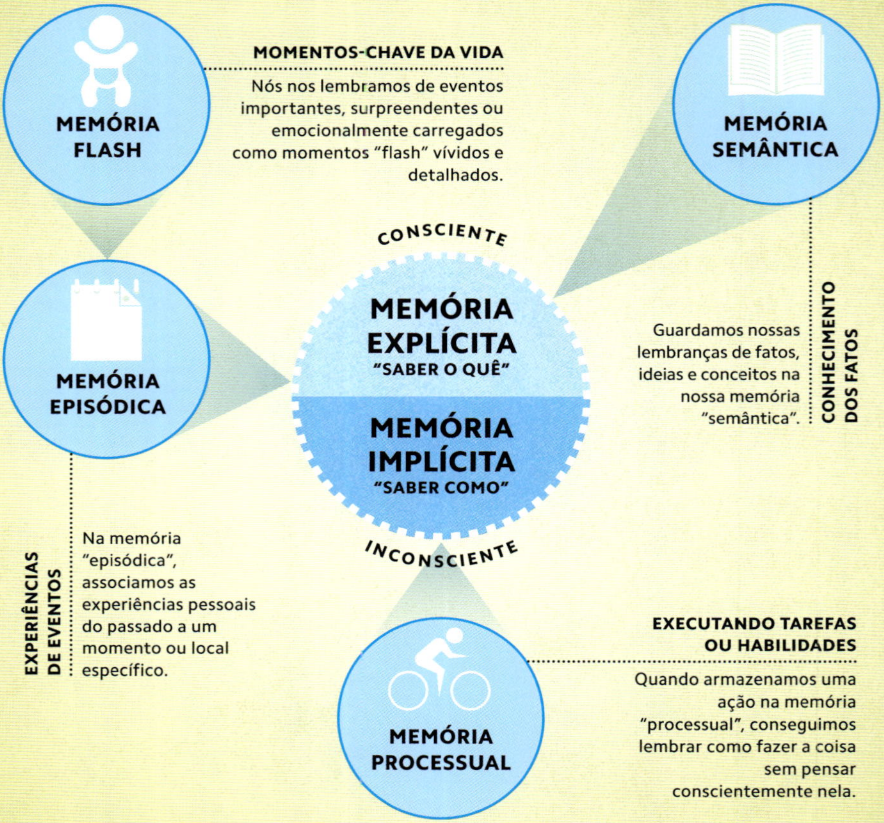

ESTRUTURA DE ARMAZENAMENTO

Enquanto a memória de curto prazo tem capacidade limitada (p. 94), a memória de longo prazo pode armazenar quantidades de informações indefinidamente. A mente organiza nossa memória de longo prazo em diferentes categorias: na memória explícita, guardamos e relembramos informações conscientemente, e na memória implícita fazemos isso de forma inconsciente. A memória explícita é dividida em coisas que já vivenciamos (memória episódica) e ideias e fatos que aprendemos (memória semântica).

REESCREVENDO O PASSADO

Nossa memória pode não ser confiável. Nos anos 1970, Elizabeth Loftus conduziu uma pesquisa que mostrava que, além de esquecer detalhes de eventos do passado, nós às vezes nos lembramos de coisas de forma diferente ao que realmente aconteceu, ou até nos "lembramos" de coisas que não aconteceram. Ela alegou que somos suscetíveis, e que as lembranças podem ser influenciadas por informações (ou informações erradas) que obtemos depois de um acontecimento. Por exemplo, os estudos dela mostraram que fazer perguntas capciosas em um interrogatório pode afetar o depoimento da testemunha. O trabalho dela também gerou perguntas sobre a confiabilidade das lembranças recuperadas depois de eventos traumáticos.

> **"A memória funciona [...] como uma página da Wikipédia: você pode ir lá e mudá-la, mas outras pessoas também podem fazer isso."**
>
> Elizabeth Loftus

DEFEITO DA MEMÓRIA

Nos anos 1990, desenvolvendo o trabalho de Elizabeth Loftus (p. 99), Daniel Schacter decidiu explicar como nos lembramos das informações e como às vezes introduzimos imprecisões no que lembramos. Ele comparou as falhas de memória aos Sete Pecados Capitais e identificou sete "pecados" da memória. Os primeiros três, que ele chamou de "pecados de omissão", ocorrem quando um indivíduo se lembra de informações corrompidas ou incorretas. Embora Schacter tenha se referido a esses eventos como "pecados", ele enfatizou que são características da memória e não falhas, e que podem ser úteis ao nos permitir interpretar o presente e imaginar o futuro.

> **"A memória não é um simples replay."**
> Daniel Schacter

LEMBRANÇA ORIGINAL

Lembrança correta
Quando armazenamos uma lembrança de forma correta, podemos lembrar completa e precisamente do fato ou evento original.

Atribuição errônea
Podemos ter uma lembrança correta, mas atribuir essa lembrança à fonte errada.

PECADOS DE OMISSÃO (ESQUECIMENTO)

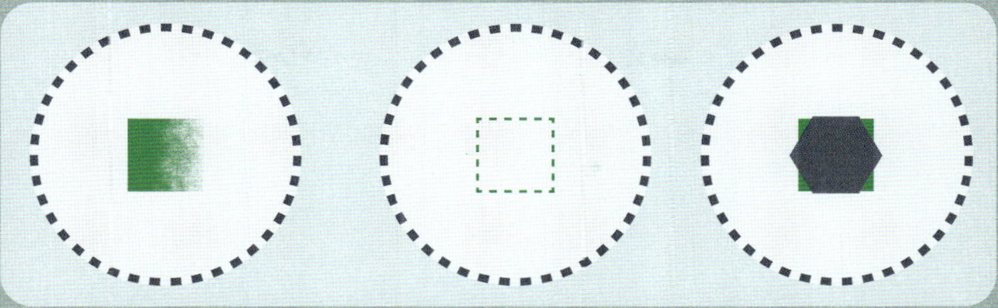

Transitoriedade
Lembranças específicas podem se deteriorar com o tempo. Nós costumamos lembrar mais dos eventos recentes.

Distração
Falhas de memória ocorrem quando não prestamos muita atenção no momento em que a lembrança está sendo armazenada pela primeira vez.

Bloqueio
Quando não conseguimos recuperar uma lembrança, pode ser porque outra lembrança está obstruindo o processo.

PECADOS DE AÇÃO (DISTORÇÃO OU INTRUSÃO)

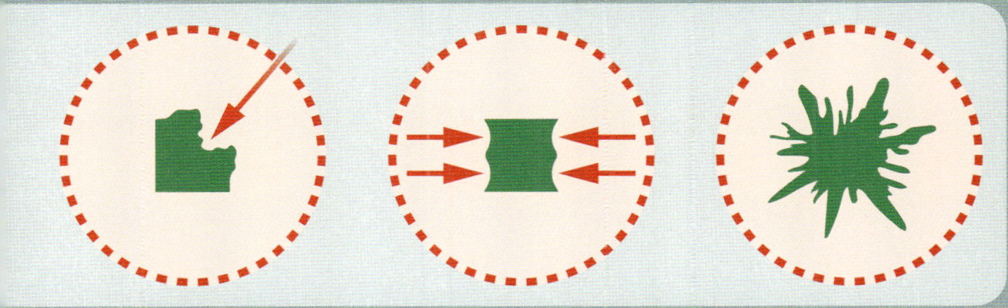

Sugestionabilidade
Depois de um evento, sugestões de outras pessoas podem influenciar e distorcer nossas lembranças dele.

Viés
Nossos humores, sentimentos, conhecimentos e opiniões podem distorcer lembranças de eventos passados.

Persistência
Lembranças indesejadas – de eventos traumáticos, por exemplo – podem persistir de forma perturbadora e intrusiva.

DECISÕES RÁPIDAS E LENTAS

Nos anos 1990, Daniel Kahneman e Amos Tversky desenvolveram uma nova teoria para explicar como tomamos decisões. Eles propuseram que nós temos dois processos distintos de tomada de decisão: "rápido" (Sistema 1) e "lento" (Sistema 2). Muitas vezes, alegaram eles, não temos tempo de fazer uma avaliação completamente ponderada usando o lógico Sistema 2, então nosso cérebro reage a situações de forma instintiva, usando o Sistema 1. Esse processo se baseia na "heurística" ou "regra prática": padrões de informação que conseguimos reconhecer instantaneamente, sem a necessidade de pensamento consciente.

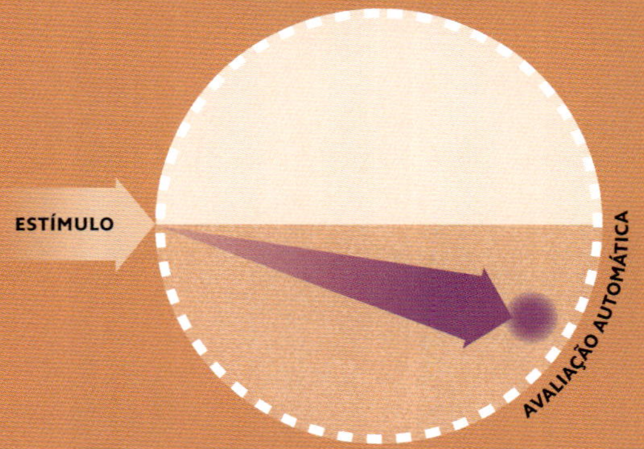

Rápido: Sistema 1
No pensamento do Sistema 1, o cérebro reage a uma situação de forma automática. Ele não envolve nenhum processo consciente de pensamento, e a resposta é imediata.

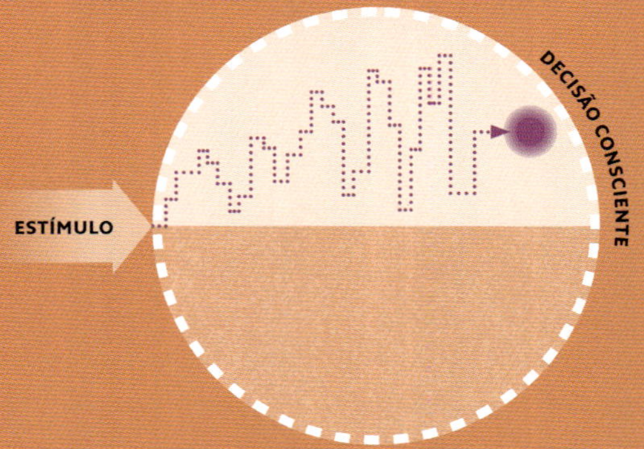

Lento: Sistema 2
No pensamento do Sistema 2, o tempo de reação é bem mais lento, porque o cérebro considera de forma consciente a situação e todas as implicações dela antes de responder.

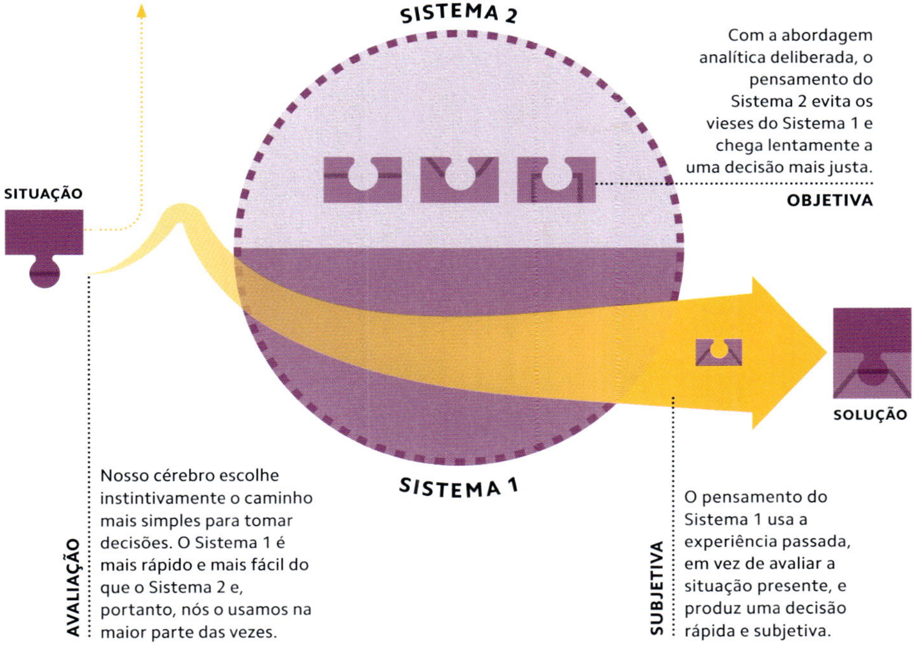

TIRANDO CONCLUSÕES

A heurística, ou a "regra prática", é uma característica do pensamento do Sistema 1. É útil para tomar decisões rápidas, mas pode levar a conclusões não justificadas. Em parte, isso se dá porque, por natureza, a heurística muitas vezes tem viés; ou seja, ela dá importância indevida a algumas informações e não a outras. Por exemplo, temos a tendência de valorizar informações que vêm à mente rapidamente e descartar os fatos adicionais. Também tendemos a enfatizar mais as informações que confirmam nossas crenças existentes.

Antes da meditação
Algumas pessoas podem ter dificuldade de controlar os pensamentos e as emoções. Eles podem ficar negativos, o que pode levar a ansiedade ou depressão.

EXERCÍCIO ESPIRITUAL

A prática da meditação se baseia em tradições religiosas, particularmente as da Índia e da China. Em meados do século XX, os cientistas começaram a estudar seus benefícios, e nos anos 1970, Jon Kabat-Zinn sugeriu que, fora do contexto religioso, a meditação ajuda as pessoas a abandonarem pensamentos e emoções obsessivas e a se sentirem menos estressadas. A meditação também pode gerar mindfulness: um estado em que nos afastamos dos pensamentos e sentimentos e simplesmente os observamos indo e vindo da nossa mente. Muitas pessoas acham esse estado útil para aliviar a ansiedade e a depressão.

Durante a meditação
Quando meditamos, podemos praticar nos libertar dos nossos pensamentos e emoções e examiná-los de um ponto de vista distante.

> "Fluxo: um estado em que as pessoas ficam tão envolvidas em uma atividade que mais nada parece importar."
> Mihaly Csikszentmihalyi

As características do fluxo
Csikszentmihalyi registrou oito características típicas de estar no estado de fluxo. Elas variam entre não estar mais autoconsciente a se sentir no controle total.

IMERSÃO

Em 1975, Mihaly Csikszentmihalyi observou que, quando dedicamos muito tempo a uma atividade que demanda nossa concentração completa, muitas vezes entramos no que ele chamou de estado de "fluxo". É um estado mental em que perdemos toda a sensação de nós mesmos e do tempo, e não estamos mais conscientes dos processos envolvidos para executar uma tarefa em particular. Csikszentmihalyi reparou que só atingimos o fluxo quando usamos habilidades específicas para conquistar um objetivo atingível, porém desafiador, seja tocar um instrumento musical, fazer exercícios ou jardinagem.

TRANST

E

TERAP

ORNOS

IAS

A psicologia e a neurociência se desenvolveram lado a lado, e hoje oferecem um maior entendimento da mente e do cérebro além de uma visão com mais nuances das condições de saúde mental. Os primeiros psicólogos abandonaram a prática de diagnosticar as pessoas como "sãs" e "insanas" e começaram a catalogar os sintomas associados a problemas psicológicos, o que acabou desenvolvendo o sistema moderno de classificação de transtornos psicológicos (p. 108-109). Alguns desses problemas podem ser tratados por médicos especialistas conhecidos como psiquiatras. Outros podem ser tratados por psicólogos clínicos com uma variedade de terapias (p. 126-127).

DIAGNÓSTICO DE TRANSTORNOS

Quando o assunto é o diagnóstico clínico dos transtornos mentais, a atuação de psicólogos e psiquiatras está sempre orientada pelo estudo constante de casos e pela experiência. Eles também podem consultar a Classificação Internacional de Doenças (CID-11) da Organização Mundial de Saúde ou o Manual Diagnóstico e Estatístico de Transtornos Mentais (DSM-5) da Associação Americana de Psiquiatria. Ambos descrevem e classificam transtornos diferentes. Veja uma seleção de classificações comuns de acordo com o CID-11:

- **TRANSTORNOS DO NEURODESENVOLVIMENTO**
  Desafios de desenvolvimento que começam cedo na vida de uma criança.
  - **TRANSTORNO DO ESPECTRO AUTISTA (TEA)** (p. 110)
  - **TRANSTORNO DO DESENVOLVIMENTO DA APRENDIZAGEM**
    Dificuldade para adquirir certas habilidades acadêmicas, como matemática.
  - **TRANSTORNO DO DÉFICIT DE ATENÇÃO E HIPERATIVIDADE (TDAH)** (p. 111)
- **ESQUIZOFRENIA OU OUTROS TRANSTORNOS PSICÓTICOS PRIMÁRIOS**
  Caracterizados por alucinações, delírios, pensamento desorganizado e comportamento atípico.
  - **ESQUIZOFRENIA** (p. 112)
  - **TRANSTORNO DELIRANTE**
    Crenças fixas, tanto positivas quanto negativas, sobre si mesmo e o ambiente que não são verdade.
- **TRANSTORNOS DO HUMOR**
  Humores tristes, vazios, irritáveis ou extremamente felizes que são persistentes e não característicos.
  - **TRANSTORNO BIPOLAR OU TRANSTORNOS RELACIONADOS** (p. 113)
  - **TRANSTORNOS DEPRESSIVOS** (p. 114)
- **TRANSTORNOS DE ANSIEDADE OU RELACIONADOS AO MEDO**
  Níveis extremos de medo e ansiedade que dificultam que uma pessoa funcione em sua melhor condição.
  - **TRANSTORNO DE ANSIEDADE GENERALIZADA (TAG)** (p. 116)
  - **TRANSTORNO DE PÂNICO** (p. 116)
  - **FOBIA ESPECÍFICA** (p. 117)

TRANSTORNOS OBSESSIVO--COMPULSIVOS OU RELACIONADOS
Pensamentos obsessivos, muitas vezes seguidos de comportamentos compulsivos que só reduzem a ansiedade temporariamente.

- **TRANSTORNO OBSESSIVO-COMPULSIVO (TOC)** (p. 118)
- **TRANSTORNO DISMÓRFICO CORPORAL (TDC)** (p. 119)

TRANSTORNOS ASSOCIADOS ESPECIFICAMENTE AO ESTRESSE
Estresse e ansiedade causados por exposição a eventos traumáticos.

- **TRANSTORNO DE ESTRESSE PÓS-TRAUMÁTICO (TEPT)** (p. 120)
- **TRANSTORNO DE ADAPTAÇÃO**
  Alteração de comportamento até três meses depois de vivenciar um evento traumático.
- **TRANSTORNO DE APEGO REATIVO**
  Distanciamento emocional e comportamental exibido por crianças com menos de 5 anos.

TRANSTORNOS DISSOCIATIVOS
Falta de integração entre percepção, pensamentos, sentimentos, memória, identidade e comportamento.

- **TRANSTORNO DISSOCIATIVO DE IDENTIDADE** (p. 121)

TRANSTORNOS ALIMENTARES OU DA ALIMENTAÇÃO
Mudanças nos hábitos de alimentação de uma pessoa que prejudicam a saúde e o bem-estar.

- **ANOREXIA NERVOSA** (p. 122)
- **BULIMIA NERVOSA** (p. 122)
- **TRANSTORNO DA COMPULSÃO ALIMENTAR PERIÓDICA (TCAP)** (p. 122)
- **PICA**
  Comer substâncias que não são nutritivas.

TRANSTORNOS DECORRENTES DO USO DE SUBSTÂNCIAS OU COMPORTAMENTOS ADITIVOS
Vício em substâncias ou atividades que ativam de forma não saudável o sistema de recompensas do cérebro.

- **DECORRENTES DO USO DE SUBSTÂNCIAS** (p. 123)
- **DEVIDOS A COMPORTAMENTOS ADITIVOS** (p. 123)

TRANSTORNOS DE PERSONALIDADE
Padrões de sentimentos e comportamentos que são muito diferentes dos esperados pela sociedade.

- **LEVE** (p. 124-125)
- **MODERADO** (p. 124-125)
- **SEVERO** (p. 124-125)

UMA FORMA DIFERENTE DE PROCESSAR

O transtorno do espectro autista (TEA) pode afetar as formas como uma pessoa processa certas informações e interage com os outros. Os sintomas são específicos de cada indivíduo, mas podem variar de não entender situações sociais a evitar contato visual ou não falar. Algumas pessoas com transtorno do espectro autista também podem exibir comportamentos restritos e repetitivos; ser muito ou pouco sensíveis a estímulos sensoriais; ter uma variedade limitada de interesses ou ter dificuldade para se ajustar a novas rotinas. O TEA costuma ser diagnosticado em crianças, mas alguns indivíduos – particularmente mulheres ou pessoas que se apresentam como sendo do sexo feminino – podem ficar sem diagnóstico até a idade adulta.

Faixas de impacto
O TEA impacta cada pessoa de forma diferente: um indivíduo pode ter pouca ou nenhuma dificuldade em algumas áreas, mas dificuldades sérias em outras.

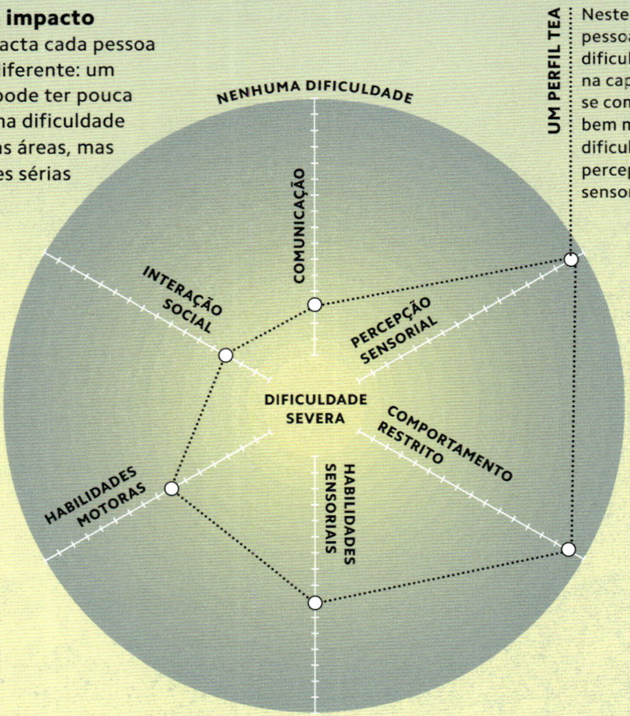

Neste exemplo, a pessoa tem dificuldade severa na capacidade de se comunicar, mas bem menos dificuldade com percepção sensorial.

DIFICULDADE DE FOCO

O transtorno do déficit de atenção e hiperatividade (TDAH) pode ser caracterizado por uma tendência de uma pessoa de se concentrar intensamente em certas tarefas, mas ter dificuldade de se concentrar em atividades menos estimulantes, como obrigações. Uma pessoa com TDAH pode ter dificuldade de fazer planos, interromper conversas ou parecer descuidada ou esquecida. Também pode ser impulsiva ou falante e necessitar se mover ou se mexer demais para se concentrar. Com base nas orientações atuais, seja qual for a idade da pessoa, ela precisa ter demonstrado sintomas em mais de um ambiente (como na escola e em casa) antes de completar doze anos para ser diagnosticada com TDAH.

DELÍRIOS, PARANOIAS E PENSAMENTO ALTERADO

Uma pessoa com esquizofrenia nem sempre sabe o que é real e o que não é. Ela pode ouvir vozes; ver, sentir cheiros ou tocar em coisas que não estão lá (alucinações); ou ter crenças fortes que não são verdade (delírios). A esquizofrenia pode dificultar seu funcionamento no dia a dia. Os psicólogos classificam os sintomas de esquizofrenia como "positivos" (acréscimos ao estado mental de uma pessoa que muda a forma como ela pensa ou se comporta) ou "negativos" (ausência de comportamentos, pensamentos ou capacidades que são encontradas em uma pessoa saudável). Indivíduos com esquizofrenia podem viver vidas frutíferas e satisfatórias, principalmente se tiverem um plano de tratamento apropriado.

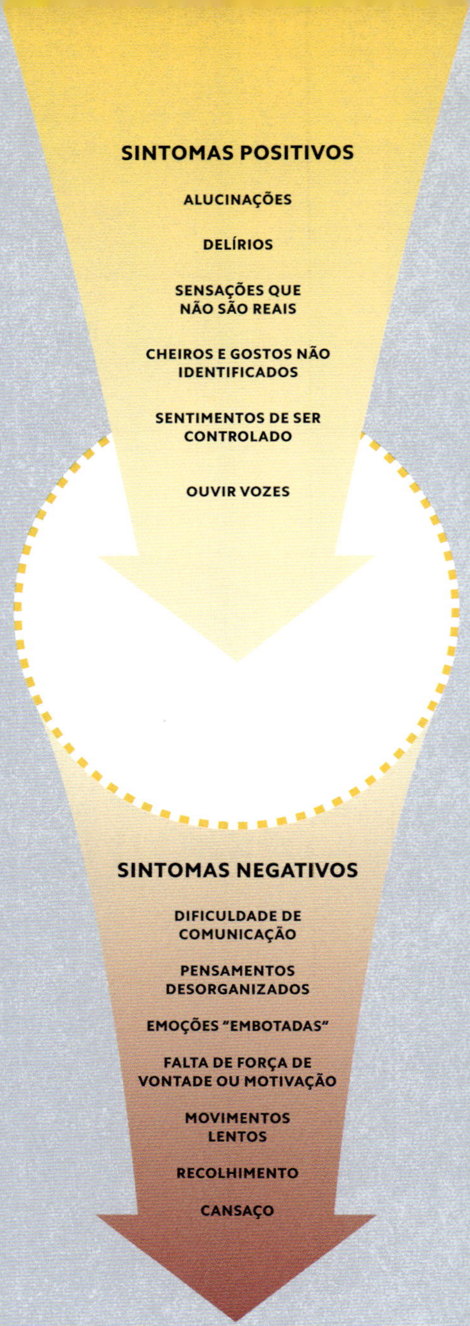

ALTOS E BAIXOS

EXTREMOS

O transtorno bipolar é caracterizado por flutuações entre humor alto (mania) e humor baixo (depressão). Durante um episódio de mania, uma pessoa pode se sentir invencível, dormir pouco, falar muito e agir de forma impulsiva. Em contraste, durante um episódio depressivo, ela costuma sofrer de sintomas de depressão (p. 114). Os dois tipos de episódio podem também envolver delírios ou alucinações (p. 112) e colocar a pessoa em risco. Existem três tipos de transtorno bipolar: bipolar I, bipolar II e ciclotimia.

BIPOLAR I Uma pessoa com bipolar I vivencia a mania (humor extremamente elevado) por ao menos uma semana e períodos de depressão.

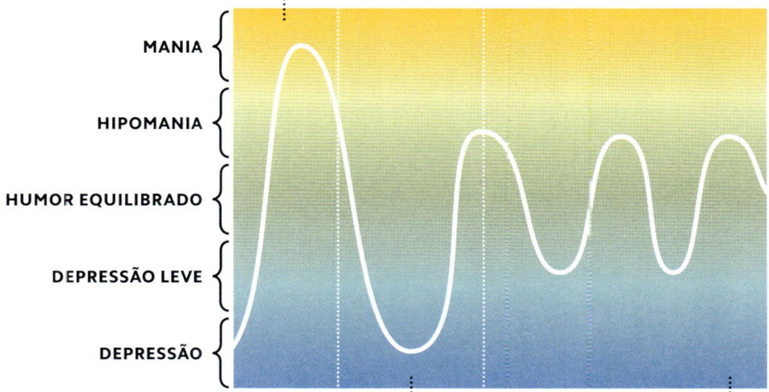

BIPOLAR II Uma pessoa com bipolar II vivencia a hipomania (humor elevado mais moderado do que a mania) por mais de quatro dias e um episódio depressivo que dura pelo menos duas semanas.

CICLOTIMIA Uma pessoa com ciclotimia vivencia flutuações entre a hipomania e a depressão moderada por pelo menos dois anos.

UMA NUVEM ESCURA

Os sintomas de depressão são amplos – vão de baixa autoestima, pensamentos negativos e motivação diminuída a mudanças nos padrões de sono, fadiga e mudanças de apetite. Uma pessoa com depressão também pode ter baixa energia, sentir culpa ou falta de valor ou ter dificuldade de se concentrar. Casos extremos podem envolver pensamentos suicidas. A depressão se manifesta de formas diferentes: algumas pessoas choram enquanto outras podem ficar irritadas, com dores no corpo ou sobrecarregadas. Algumas descrevem a sensação de estarem carregando um grande peso, se movendo em câmera lenta ou de terem uma nuvem escura em cima da cabeça. Os psicólogos diagnosticam a depressão quando a pessoa exibe sintomas por pelo menos duas semanas e perdeu o interesse em atividades de que gostava.

REALIDADE DISTORCIDA

Alguns pais recentes podem vivenciar sintomas de depressão e em alguns casos ter pensamentos de que algo ruim aconteça ao bebê e até de causá-lo eles mesmos (embora nunca fossem de fato fazer isso). Esses pensamentos são acompanhados de sentimentos de culpa e vergonha.

GRAVIDEZ, PARENTALIDADE E SAÚDE MENTAL

Muitas pessoas experimentam mudanças de humor (às vezes chamadas de "*baby blues*") durante ou depois da gravidez. Mas o transtorno mental associado ao puerpério é diferente: as mudanças são de longo prazo e mais severas. Durante a gravidez ou até um ano depois do parto, os pais podem ter vários sintomas que os psicólogos associariam a transtornos mentais, inclusive depressão, ansiedade severa ou ataques de pânico (p. 116). Algumas podem até desenvolver sintomas obsessivo-compulsivos (p. 118) ou pensamento psicótico (p. 108).

TEMENDO O PIOR

As pessoas com distúrbios de ansiedade têm sentimentos intensos e prolongados de medo e inquietação, muitas vezes em circunstâncias do dia a dia. O transtorno de ansiedade generalizada (TAG) é diagnosticado quando episódios ansiosos causam perda funcional significativa com impacto na rotina, ocorrendo na maioria dos dias e durando pelo menos seis meses. Uma condição relacionada é o transtorno de pânico, no qual uma pessoa tem ataques súbitos e isolados de pânico ou medo. Os dois transtornos envolvem medo excessivo de enfrentar uma ameaça real ou imaginária. O medo ativa o sistema nervoso autônomo (p. 42-43), que nos prepara para lutar, fugir ou ficar paralisados ao enfrentar o perigo. Isso resulta nos sintomas físicos de ansiedade e ataque de pânico.

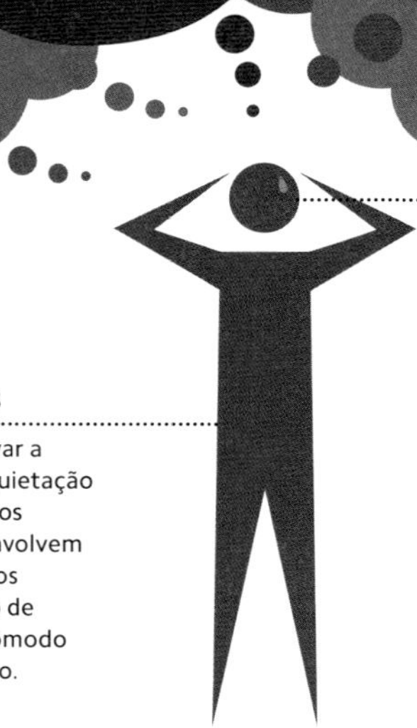

SINTOMAS MENTAIS

A ansiedade pode atrapalhar o sono e afetar a concentração. Os ataques de pânico podem fazer uma pessoa ter a sensação de que está morrendo, tendo um ataque do coração ou "ficando louca".

SINTOMAS FÍSICOS

A ansiedade pode levar a tensão muscular, inquietação ou fadiga, enquanto os ataques de pânico envolvem falta de ar, batimentos acelerados, sensação de sufocamento ou incômodo no peito ou estômago.

MEDO DEBILITANTE

Uma fobia específica é um medo irracional, ainda que persistente, deflagrado por uma coisa particular, como um objeto ou uma situação. Uma pessoa pode desenvolver uma fobia específica depois de um evento traumático. Os gatilhos para fobias específicas caem em cinco categorias: animais (por exemplo, aranhas), ambientes naturais (por exemplo, altura), sangue e ferimentos (por exemplo, injeção), situacionais (por exemplo, viagens de avião) e outras únicas (por exemplo, barulhos altos, certos alimentos e palhaços). As fobias complexas, como a agorafobia (medo de estar em situações que podem ser difíceis de se escapar, como espaços lotados) ou fobias sociais (medo de estar em situações sociais) podem ter um efeito mais disruptivo na vida de uma pessoa, porque ela pode evitar outras pessoas ou lugares específicos.

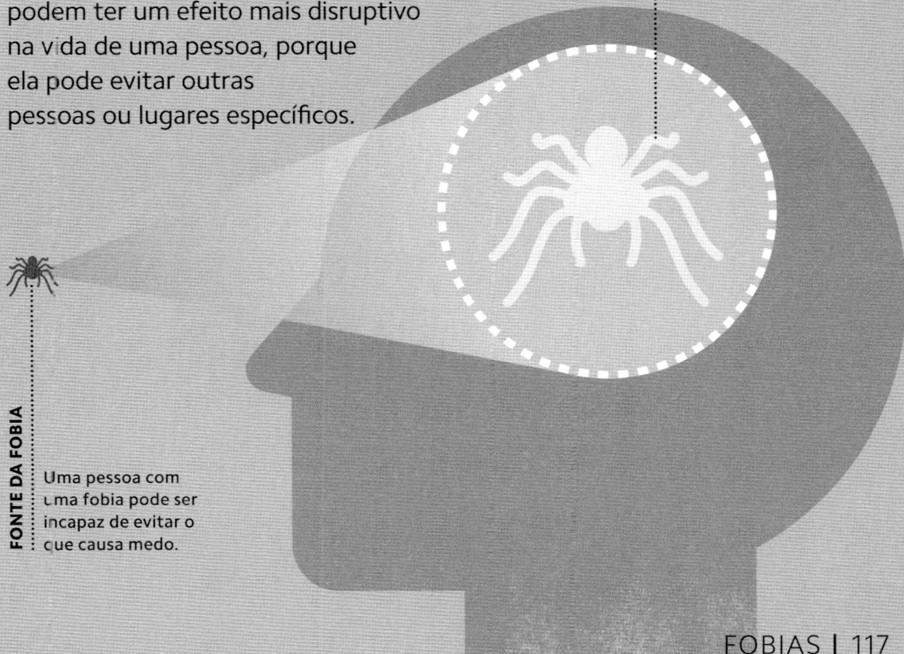

OBSESSÕES CRIAM ANSIEDADE

Obsessões são pensamentos repetitivos e indesejados, imagens e/ou ímpetos que causam angústia e ansiedade significativas, mas que a pessoa com TOC acha que não pode impedir de ocorrer.

COMPULSÕES TRAZEM ALÍVIO

Uma pessoa com TOC executa compulsões em resposta a uma obsessão. Elas podem incluir rituais físicos e mentais, e o ímpeto de executá-los se torna mais forte quanto mais forem repetidos.

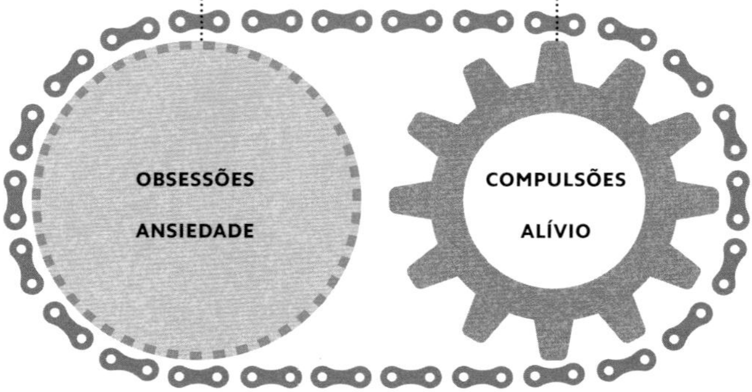

PENSAMENTOS INTRUSIVOS E ÍMPETOS REPETITIVOS

O transtorno obsessivo-compulsivo (TOC) envolve ciclos de pensamentos indesejados e comportamentos compulsivos. As pessoas com TOC vivenciam padrões de pensamentos intrusivos e perturbadores (ou "obsessões"), o que pode lhes causar grande ansiedade. Executar comportamentos repetitivos (ou "compulsões"), como contar, lavar ou repetir uma expressão em pensamento, pode reduzir a sensação de ansiedade da pessoa, mas só temporariamente. Tanto a obsessão quanto a compulsão podem afetar a vida diária de um indivíduo.

Reflexos negativos
Quando uma pessoa tem TDC, sua autoimagem, ou seja, como ela percebe a si mesma, é distorcida ou não reflete a realidade.

AUTOIMAGEM DISTORCIDA

O transtorno dismórfico corporal (TDC) faz uma pessoa se preocupar ou ficar obcecada com uma característica do corpo que ela vê como defeito, mas que é invisível ou quase imperceptível para os outros. A pessoa pode achar que os outros a julgam por essa característica, o que pode lhe causar muita angústia e fazer com que verifique essa característica de forma obsessiva e tente escondê-la. Esses pensamentos e comportamentos repetitivos podem se tornar incontroláveis e dificultar que a pessoa se envolva em atividades do dia a dia.

CONSEQUÊNCIAS DE TRAUMAS

As pessoas podem desenvolver transtorno de estresse pós-traumático (TEPT) como resultado de vivenciar ou testemunhar um evento perturbador ou de risco de vida. Uma pessoa com TEPT pode sentir hipervigilância prolongada: ou seja, ficar constantemente em alerta esperando por mais perigo. Ela também pode vivenciar flashbacks (lembranças vívidas do evento), ataques de pânico, insônia ou pesadelos; ter dificuldade de concentração ou se sentir irritável. Os sintomas costumam aparecer algumas semanas depois do evento traumático e podem ser duradouros. O TEPT pode deixar as pessoas vulneráveis a outros problemas de saúde mental e a tentativas autodestrutivas para suportá-lo, como abuso de álcool e drogas.

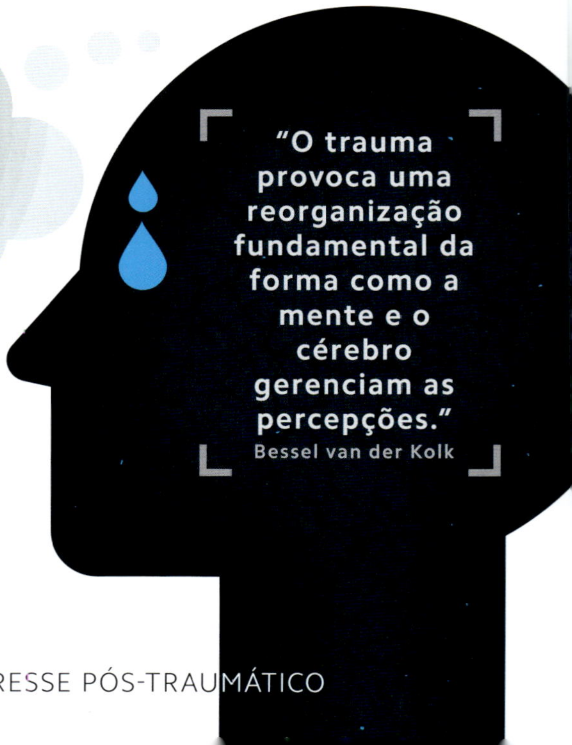

Revivendo um evento traumático
Um lembrete do trauma dispara uma resposta de "lutar ou fugir" que pode causar reações físicas como batimentos acelerados, suor ou tensão muscular aumentada.

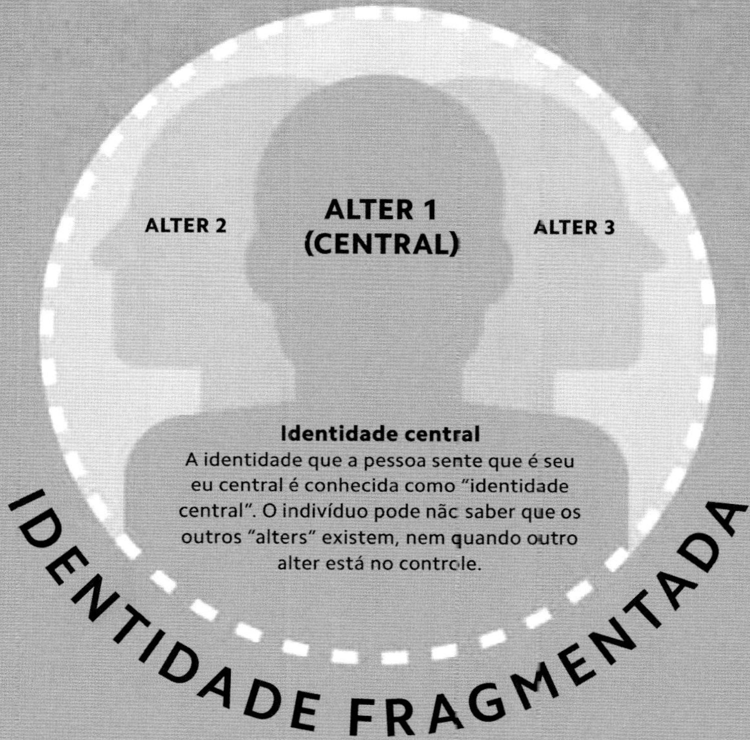

Quando uma pessoa precisa lidar com um trauma extremo de longa duração, ela pode desenvolver uma condição conhecida como transtorno dissociativo de identidade (TDI). Essa é uma forma complexa de dissociação (sentir-se distanciado da realidade), na qual a identidade de uma pessoa é dividida em duas ou mais partes diferentes, ou "alters". Os alters podem ser de gêneros ou idades diferentes, ter pensamentos, sentimentos e lembranças distintas ou falar idiomas diferentes. Cada alter pode assumir o controle dos pensamentos e comportamento da pessoa de forma intermitente. A desconexão entre os alters pode resultar em lacunas ou vazios na memória, o que pode causar grande consternação e dificuldades com a vida diária.

Anorexia nervosa
Esse transtorno envolve tentar evitar ganhar peso, muitas vezes (mas nem sempre) comendo bem menos do que o corpo precisa por causa de medo de ganhar peso.

Bulimia nervosa
Esse transtorno envolve um ciclo entre comer muitas quantidades (compulsão) e esvaziar (expurgar) o estômago em uma tentativa de evitar o ganho de peso.

Transtorno da compulsão alimentar
Esse transtorno envolve comer regularmente grandes quantidades em um período curto (compulsão), muitas vezes apesar do sentimento de vergonha, nojo ou descontrole.

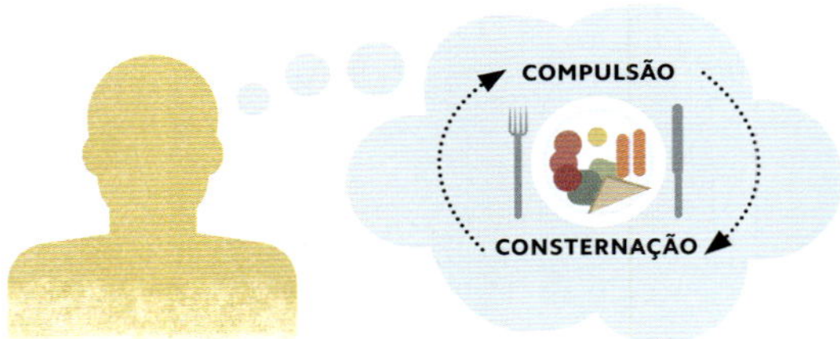

PROBLEMAS COM ALIMENTAÇÃO

Os distúrbios alimentares são mudanças nos comportamentos relacionados à alimentação que são prejudiciais à saúde e caracterizados pela necessidade de gerenciar padrões de alimentação, muitas vezes como forma de lidar com emoções ou se sentir no controle. Eles podem se desenvolver por vários motivos, como eventos traumáticos ou dificuldade de expressar emoções. A pessoa pode ter medo de ganhar peso ou vergonha de comer, mas pode ter muita dificuldade de mudar o comportamento. Os distúrbios alimentares podem ter sérios comprometimentos físicos, além de mentais e emocionais, e podem ser uma ameaça à vida se ficarem sem tratamento.

UM DIA DE CADA VEZ

COMPULSÃO/AÇÃO → PRAZER/ALÍVIO → ARREPENDIMENTO/CULPA → TENSÃO/NECESSIDADE →

Uma pessoa que tem um vício não consegue parar de repetir um comportamento específico (como usar drogas, jogar, beber ou simplesmente olhar o celular), apesar de saber que faz mal a ela. Isso acontece porque as mudanças físicas no cérebro da pessoa fazem com quem ela repita o comportamento. Se a pessoa não consegue superar o vício, ela pode fazer coisas perigosas para satisfazê-lo. Se conseguir parar, ela pode ter uma recaída depois de um período sofrido de abstinência. Programas de reabilitação e apoio social podem ajudar indivíduos com um vício específico a fugir do ciclo perigoso.

Afetividade negativa
Pessoas com afetividade negativa sentem uma variedade ampla de emoções negativas, sem importar a situação. Como resultado, elas podem ser desconfiadas, ter baixa autoestima e/ou limitarem sua exposição a novas experiências.

Distanciamento
Uma pessoa com distanciamento pode ter a tendência de evitar interações sociais (distanciamento social) ou se afastar das próprias emoções (distanciamento emocional). Isso pode deixá-las com poucos amigos e reduzir a variedade de experiências.

RELACIONANDO-SE DIFERENTEMENTE

As pessoas que têm transtornos de personalidade exibem padrões fixos de comportamento e pensamento que diferem das normas da sociedade e levam a problemas de funcionamento social. Elas podem ter um ou mais de seis traços ou padrões de sintomas – afetividade negativa, distanciamento, dissocialidade, desinibição, anancastia e padrão borderline –, que podem se manifestar de várias formas. Uma pessoa pode ter uma versão "leve", "moderada" ou "grave" de um transtorno de personalidade.

Desinibição

As pessoas com desinibição são altamente impulsivas, se distraem facilmente e podem agir sem planejar. Elas lutam para reconhecer as consequências potenciais de suas ações, e isso pode levá-las a se comportar de formas que podem parecer inadequadas.

Dissocialidade

Os indivíduos com dissocialidade costumam ignorar as necessidades e os sentimentos das outras pessoas. Eles podem exibir egocentrismo ou falta de empatia, procurar atenção ou admiração, ou serem implacáveis quando estão atrás de seus objetivos.

Padrão borderline

As pessoas com sintomas de padrão borderline podem ter dificuldade em controlar a raiva, mudanças de humor ou uma autoimagem instável, e podem ter dificuldade de desenvolver relacionamentos pessoais. Alguns psicólogos chamam isso de transtorno de personalidade emocionalmente instável (TPEI) ou transtorno de personalidade borderline (TPB).

Anancastia

Uma pessoa com anancastia costuma ser motivada pelo perfeccionismo extremo. Por estar preocupada com detalhes e organização, ela costuma tentar controlar o ambiente e não conseguir completar projetos devido à dificuldade de alcançar seus padrões rigorosos.

> **"[...] indivíduos borderline são [como] pacientes de queimadura de terceiro grau [...] O menor toque ou movimento pode causar sofrimento imenso."**
>
> Marsha M. Linehan

TRATANDO TRANSTORNOS

Ao tratar pacientes, a maioria dos profissionais de saúde mental escolhe uma de várias abordagens gerais, e dentro de cada abordagem eles podem se especializar em um tipo específico de terapia. A maioria delas, conhecidas como "terapias de conversa", envolve um terapeuta especialista manter uma comunicação regular com o paciente, cara a cara ou online. Eis aqui as cinco abordagens principais e alguns tipos mais comuns de terapia associados a elas.

ABORDAGEM PSICODINÂMICA
Foca nos primeiros anos do paciente e em trazer dinâmicas inconscientes para a percepção consciente.

- **PSICANÁLISE** (p.24, 128)
- **TERAPIA JUNGUIANA** (p. 129)
- **ANÁLISE TRANSACIONAL** (p. 130)

ABORDAGEM COGNITIVA E COMPORTAMENTAL
Usa objetivos e intervenções específicas para mudar os pensamentos e comportamentos indesejados de uma pessoa.

- **TERAPIA RACIONAL-EMOTIVA COMPORTAMENTAL (TREC)** (p. 134)
- **TERAPIA COGNITIVO-COMPORTAMENTAL (TCC)** (p. 135)
- **TERAPIA DE PROCESSAMENTO COGNITIVO (TPC)** Ajuda a mudar a percepção de trauma passado e a aprender a sentir segurança de novo.
- **TERAPIA COMPORTAMENTAL DIALÉTICA (TCD)** Ensina habilidades específicas para ajudar a regular e controlar as emoções.
- **MINDFULNESS** (p. 104)

ABORDAGEM BIOTERAPÊUTICA
Usa intervenções biológicas (físicas) para mudar a estrutura ou o funcionamento cerebral de uma pessoa.

- **MEDICAÇÃO** (p. 138)
- **ELETROCONVULSOTERAPIA (ECT)** Tem o objetivo de tratar transtornos mentais severos com a passagem de correntes elétricas baixas pelo cérebro.

ABORDAGEM HUMANISTA
Encoraja a pessoa a se conhecer e a se aceitar por inteiro, para que ela possa desenvolver integralmente seu potencial.

TERAPIA CENTRADA NA PESSOA
(p. 131)

GESTALT-TERAPIA
(p. 132)

TERAPIA EXISTENCIAL
(p. 133)

TERAPIA FOCADA NAS EMOÇÕES (TFE)
Ajuda uma pessoa a entender melhor, aceitar e regular suas emoções.

TERAPIA BREVE FOCADA NA SOLUÇÃO (TBFS)
Encoraja uma pessoa a criar objetivos específicos, alcançáveis e mensuráveis.

TERAPIA SOMÁTICA
Usa técnicas centradas no corpo, como a ioga, para aliviar a tensão e restaurar o equilíbrio mental.

DESSENSIBILIZAÇÃO E REPROCESSAMENTO POR MOVIMENTOS OCULARES (EMDR) (p. 137)

HIPNOTERAPIA
Coloca a pessoa em um estado de transe, no qual a mente está mais receptiva a mudanças.

ARTETERAPIA
Promove a expressão e o bem-estar mental por meio da arte e da música.

TERAPIA ASSISTIDA POR ANIMAIS (TAA)
Usa o laço entre humanos e animais para melhorar o humor e a autoestima da pessoa.

ABORDAGEM SISTÊMICA
Busca ajudar a pessoa dentro do contexto da família ou de outro relacionamento próximo, e não individualmente.

TERAPIA SISTÊMICA FAMILIAR
(p. 136)

TERAPIA CONTEXTUAL
Encoraja membros da família a reconhecerem as necessidades emocionais uns dos outros.

TERAPIA DE DESENVOLVIMENTO DIÁDICO
Ajuda crianças que sofreram traumas emocionais a criarem laços com seus cuidadores.

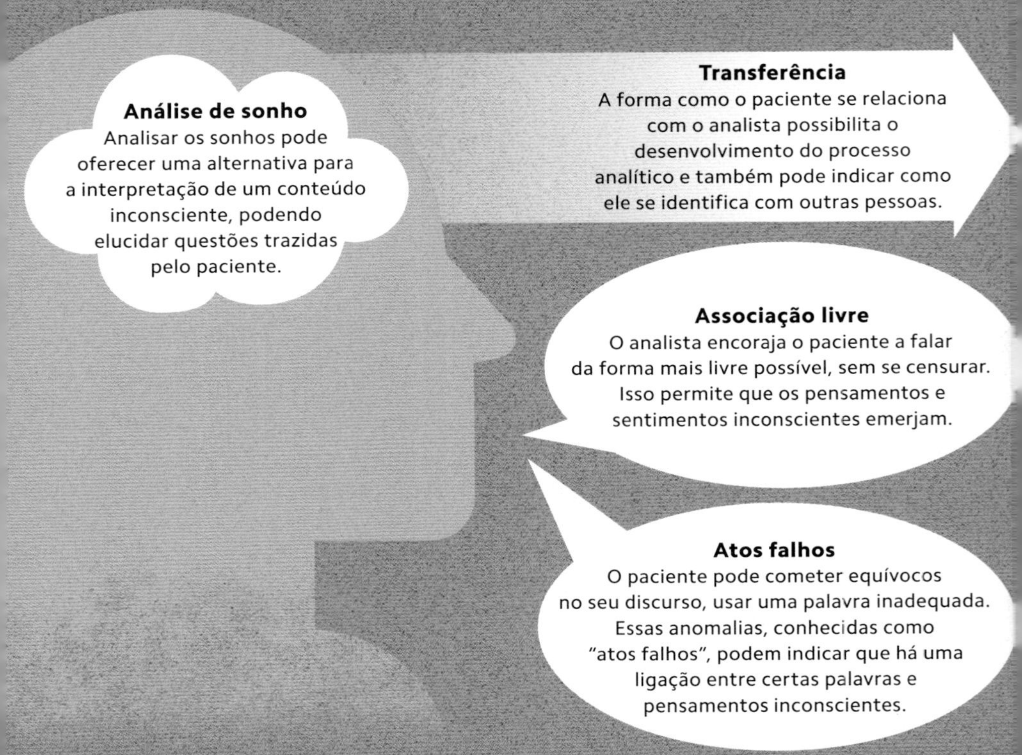

PASSADO REVELADO

Com base na psicanálise (p. 24), a terapia psicodinâmica usa várias técnicas (como as listadas acima) para buscar lembranças e sentimentos de infância na mente inconsciente do paciente para que esses conteúdos inconscientes venham para a consciência. O analista escuta o paciente com atenção, mas revela muito pouco de si. Como resultado, o paciente muitas vezes redireciona seus sentimentos por outras pessoas para o analista, em um processo chamado "transferência". Usando a "contratransferência", o analista então maneja o efeito causado pelo paciente para obter uma percepção da natureza de suas dificuldades.

EQUILÍBRIO DA ALMA

De acordo com Carl Jung (p. 28), os transtornos psicológicos se desenvolvem quando as partes do eu de uma pessoa não estão em equilíbrio. Essas partes incluem: a persona (o lado de nós que apresentamos para o mundo); a sombra (o lado de que não gostamos); e a anima ou o animus (o elemento "feminino" nos homens e o elemento "masculino" nas mulheres). Jung também acreditava que nossas mentes conscientes são enraizadas no "inconsciente coletivo", um arquivo de padrões mentais comuns a todos os seres humanos. A terapia junguiana tenta equilibrar todas essas partes, permitindo que o cliente encontre seu "verdadeiro eu".

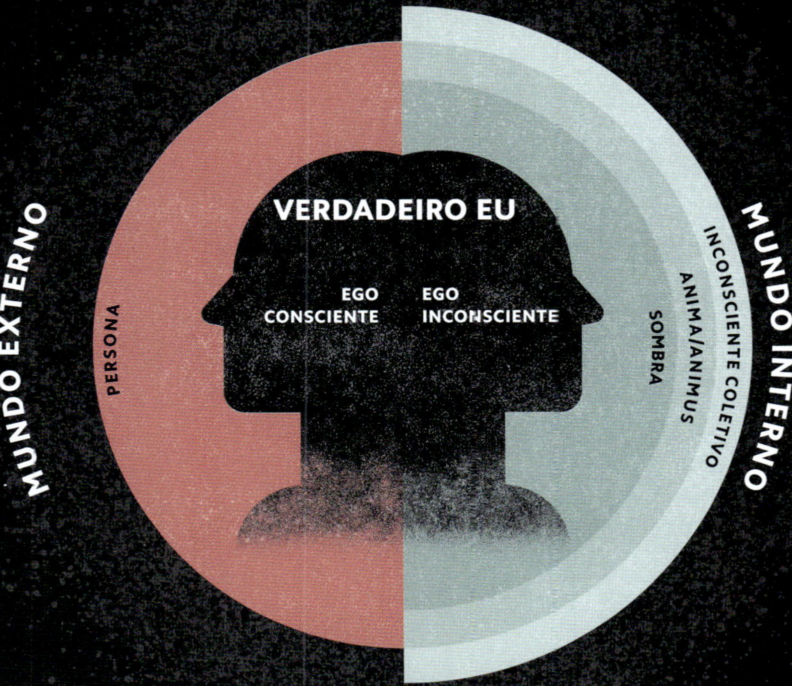

PAI, ADULTO, CRIANÇA

Criada por Eric Berne nos anos 1960, a análise transacional (AT) se baseia na ideia de que, quando adultos, nossa personalidade é composta de três "estados do ego": "Pai", "Adulto" e "Criança". Os analistas de AT sustentam que podemos ter uma "transação" (interação) com outra pessoa usando qualquer um desses três estados. Eles ajudam clientes a interagirem com outros usando o estado "Adulto" (no qual eles estão no controle de si mesmos e firmes no presente) em vez de o estado "Criança" (agir com base em como eles se sentiam quando crianças) ou o estado "Pai" (imitar como os pais costumavam se comportar).

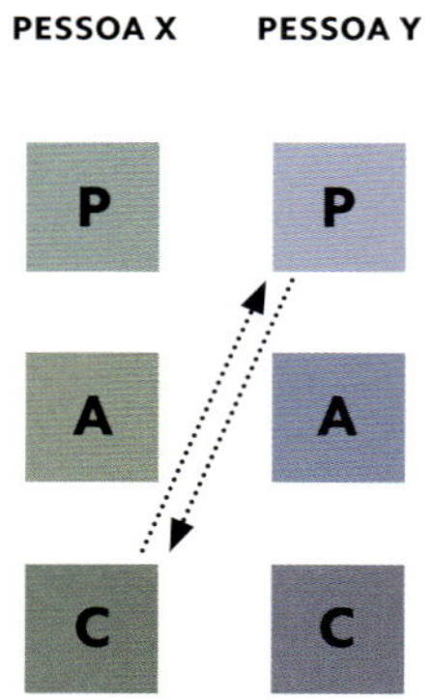

Transação duplex
A pessoa X e a pessoa Y podem ser adultas, mas a X está interagindo a partir do estado "Criança", e a Y está respondendo com o estado "Pai".

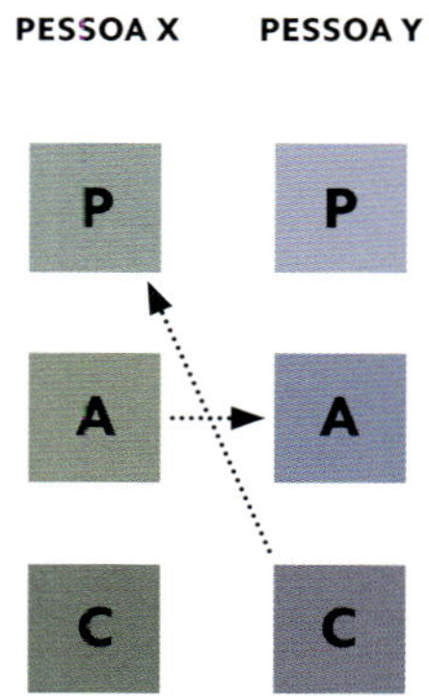

Transação cruzada
A X está interagindo com a Y "adulto com adulto", mas a Y está reagindo no estado "Criança", dirigindo a resposta para o estado "Pai" da X.

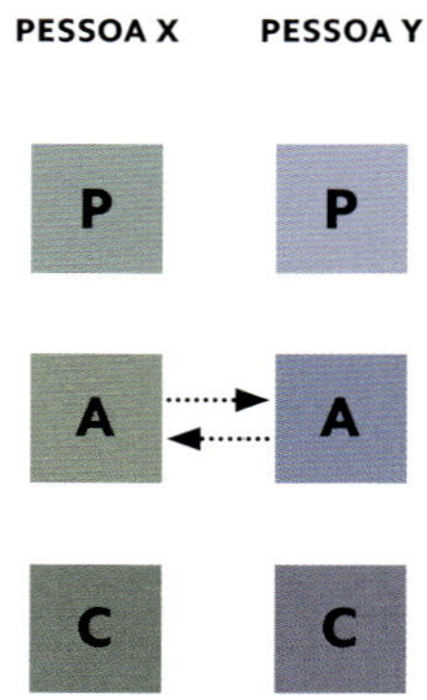

Transação paralela
A teoria da AT declara que quando X e Y estão em estado "Adulto", elas conseguem se comunicar de forma clara e lógica.

GUIADA PELO CLIENTE

Carl Rogers desenvolveu a terapia centrada na pessoa (também conhecida como centrada no cliente ou terapia rogeriana) nos anos 1950. Os terapeutas que usam essa abordagem tratam seus clientes como iguais e demonstram para com eles "consideração positiva incondicional" (p. 39). Cada cliente decide em que gostaria de trabalhar, com base em seus valores pessoais, e progridem em seu próprio ritmo em direção a objetivos combinados em comum acordo. Ao construir uma relação de confiança com o cliente, o terapeuta o ajuda a alcançar seu total potencial.

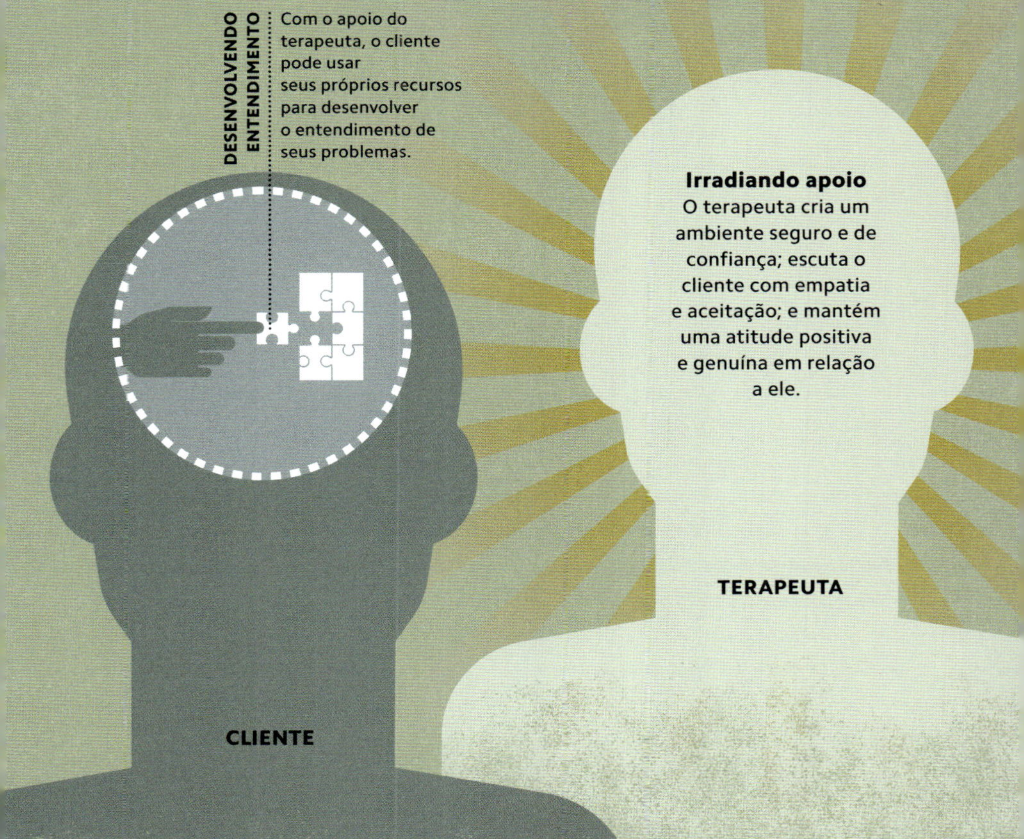

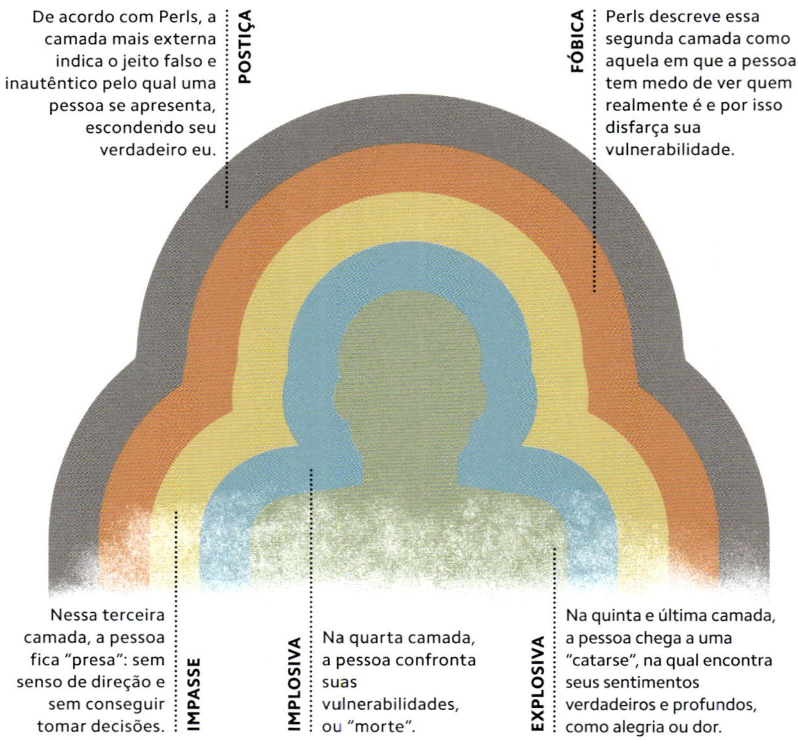

A PESSOA INTEIRA

Fritz e Laura Perls estabeleceram a Gestalt-terapia nos anos 1940. Os Gestalt-terapeutas focam na "imagem completa" e no relacionamento deles com o cliente "no aqui e agora". Eles encorajam os clientes a desenvolverem uma percepção crescente de si mesmos prestando atenção em percepções e sentimentos, e não interpretando eventos passados. Fritz Perls propôs que, para atingir a total autopercepção, os clientes precisam trabalhar por cinco "camadas de neurose": postiça, fóbica, impasse, implosiva e explosiva.

A terapia existencial ajuda a pessoa a explorar seus desafios de uma perspectiva filosófica. Ela se centraliza na ideia de que teremos vidas mais satisfatórias se aceitarmos que não podemos mudar as limitações da nossa existência (como o fato de estarmos sozinhos ou de não podermos escapar da morte). Os terapeutas existenciais adotam uma atitude direta, honesta e confrontativa. Eles encorajam os clientes a buscarem a autopercepção; a identificarem seus próprios valores, propósito e noção de sentido; a reconhecerem quais partes de suas vidas podem controlar; e a aceitarem a responsabilidade pelas escolhas que fazem.

Antes da terapia
A pessoa pode se sentir sufocada de ansiedade com a vida. Pode ter sentimentos de solidão e depressão.

Depois da terapia
A pessoa aceita os desafios e limitações da vida e busca sentido e alegria assumindo a responsabilidade pelos seus atos.

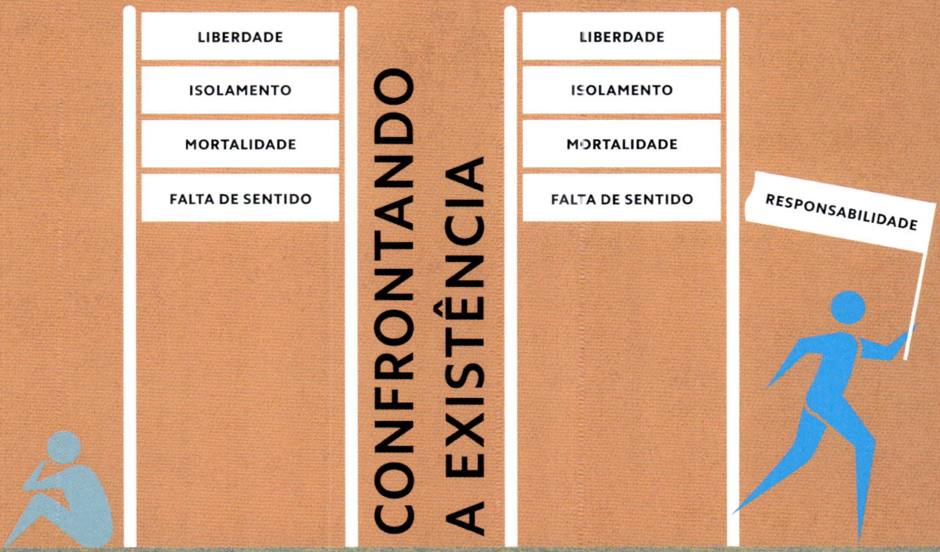

CURA DA RAZÃO

Introduzida por Albert Ellis em 1955, a terapia racional-emotiva comportamental (TREC) é uma forma inicial de terapia cognitivo-comportamental (TCC, p. 135) que lida com o sofrimento causado por crenças "irracionais": ou seja, crenças que distorcem a realidade ou levam a comportamentos autodestrutivos. A TREC usa o modelo "ABC" para identificar três aspectos do sofrimento de uma pessoa: um "evento ativador" (A); a crença sobre esse evento (B); e a reação emocional, ou "consequência" (C). Os terapeutas TREC se concentram em ajudar os indivíduos a identificarem crenças irracionais que eles têm em relação a eles mesmos e a desenvolver a autoaceitação incondicional.

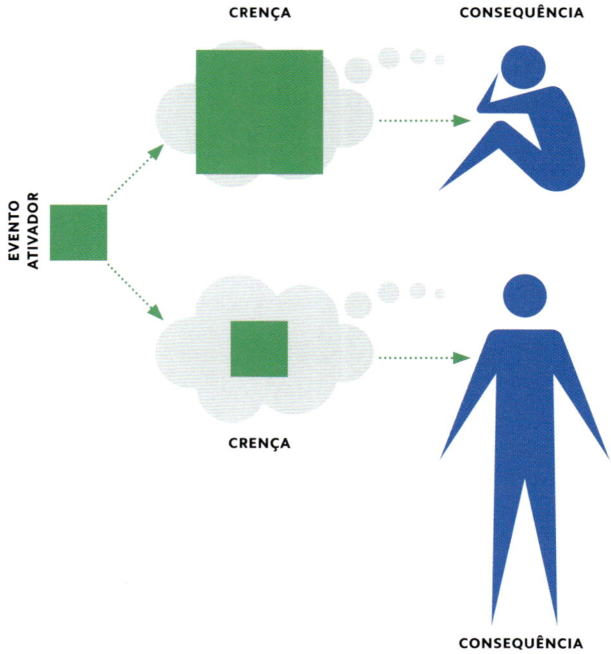

Antes da terapia
Não conseguir controlar crenças irracionais leva a pensamento negativo, sofrimento emocional e possíveis problemas com comportamento.

Durante a terapia
Um terapeuta ajuda a identificar os motivos por trás das crenças irracionais, o que leva o cliente para um estado mental mais saudável.

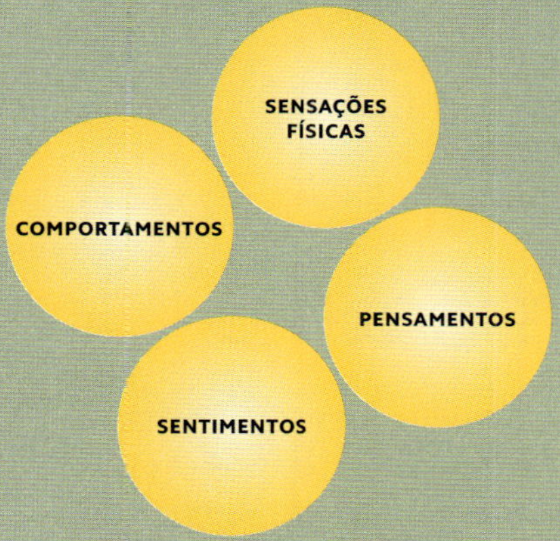

Fazendo mudanças positivas
A TCC é baseada na ideia de que os nossos sentimentos, pensamentos, sensações físicas e comportamentos influenciam uns aos outros. Mudar um desses fatores pode influenciar o resto.

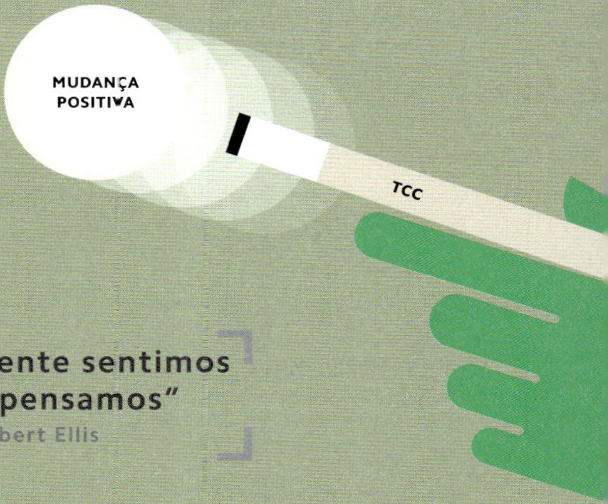

> "Basicamente sentimos o que pensamos"
> Albert Ellis

MUDANDO PADRÕES

Com base no trabalho de Albert Ellis (p. 134) e de Aaron Beck nos anos 1960, a terapia cognitivo-comportamental (TCC) foca em mudar os padrões de pensamento ou comportamento que têm impacto negativo no bem-estar de um indivíduo. Os terapeutas da TCC ajudam os clientes a verem que é a percepção deles de um evento que causa os problemas emocionais, não o evento em si. Eles encorajam os clientes a identificarem "distorções cognitivas" (formas de pensamento negativo) ou comportamentos negativos, os desafiarem e os substituírem por pensamentos ou comportamentos mais realistas e positivos. Por sua vez, isso pode levar a melhorias de humor e de sintomas físicos.

> "O que é criado em um relacionamento pode ser consertado em um relacionamento."
>
> Murray Bowen

DINÂMICA DE GRUPO

Murray Bowen desenvolveu a terapia sistêmica familiar nos anos 1950. Ele argumentou que toda família é uma unidade emocional e acreditava que, se uma pessoa em uma família muda emocionalmente, vai com isso influenciar mudanças emocionais nas outras. Na terapia, os clientes obtêm entendimento sobre relacionamentos familiares atuais e antigos usando um gráfico chamado "genograma" e aprendem a estabelecer boa comunicação, resolver problemas e impor limites.

Dois em conflito
Se o conflito surgir entre duas pessoas, elas podem procurar terapia para ajudá-las a se comunicar de forma mais direta e eficiente e a reduzir o estresse.

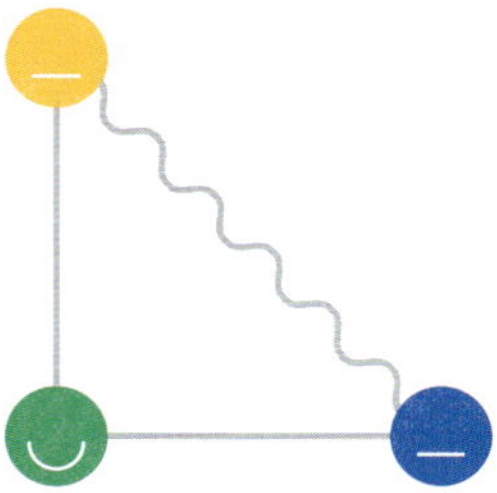

Triângulo emocional
Duas pessoas em conflito podem colocar uma terceira pessoa entre elas, para evitar se relacionarem uma com a outra; a terapia familiar pode ajudar a resolver isso.

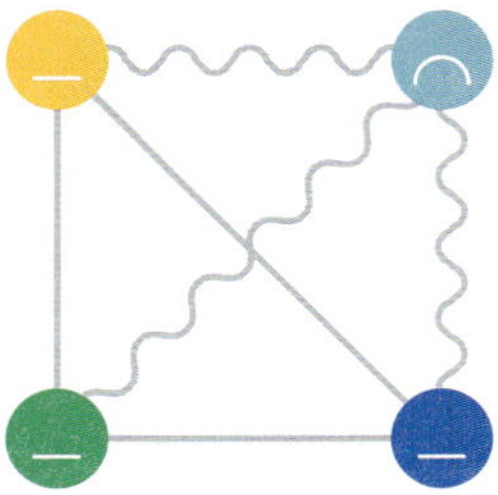

Família de quatro
Em famílias maiores, a terapia pode ajudar a melhorar relacionamentos estressantes entre pais ou entre pais e os filhos.

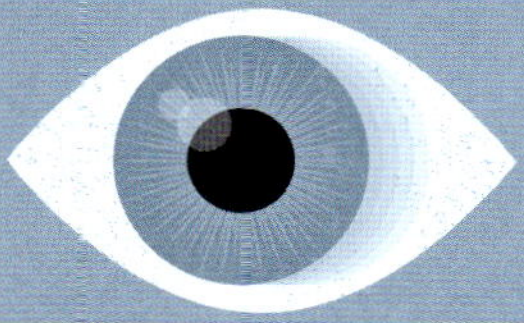

Estímulo bilateral
O terapeuta dirige o movimento do olho do cliente de um lado para outro. Isso estimula sistemas de processamento no cérebro do cliente que podem ter ficado "travados" devido a um trauma.

DE OLHO NO TRAUMA

Desenvolvido por Francine Shapiro nos anos 1980, a dessensibilização e reprocessamento por movimentos oculares (EMDR) tem o objetivo de ajudar pessoas que passaram por eventos traumáticos. Envolve uma técnica chamada "estímulo bilateral", na qual o terapeuta move um dedo de um lado para o outro enquanto o cliente o segue com os olhos. Ao mesmo tempo, o cliente se foca brevemente em uma lembrança traumática. Acredita-se que os movimentos dos olhos ajudam o cérebro a "processar" o trauma adequadamente, o que leva à cura.

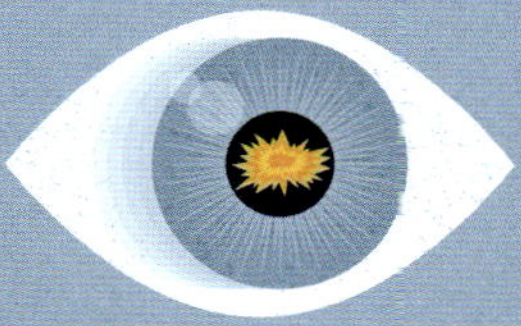

Foco no trauma
O cliente foca em uma lembrança traumática enquanto move os olhos. Isso ajuda o cérebro a processar o trauma como uma lembrança comum, o que diminui seu impacto.

TRATANDO O CORPO

Os medicamentos usados para tratar transtornos psicológicos alteram a química do cérebro dos pacientes para ajudá-los a ficarem mais saudáveis. As células do nosso cérebro trocam sinais por meio de compostos químicos conhecidos como neurotransmissores (p. 42-43), e alguns medicamentos podem aumentar ou reduzir um ou mais desses sinais. Por exemplo, um antidepressivo pode aumentar o neurotransmissor serotonina, que regula o humor.

RECEITA MÉDICA

CATEGORIA DE MEDICAMENTO:	PARA PESSOAS DIAGNOSTICADAS COM:	EFEITOS:
Antidepressivo	Depressão Humor deprimido	Diminui sintomas depressivos; aumenta o pensamento positivo e melhora o humor
Antipsicótico	Transtorno bipolar Esquizofrenia	Diminui alucinações, delírios e comportamentos negativos
Ansiolítico	Transtornos de ansiedade TEPT	Diminui preocupação, reatividade e tensão muscular; aumenta a calma e o relaxamento.
Estabilizador de humor	Transtorno bipolar Transtornos de humor	Diminui a mania e a depressão; equilibra humores; aumenta a calma e a sensação de controle.
Estimulante	TDAH	Diminui a inquietação; aumenta a concentração e a motivação.

O caminho da vida
De acordo com R. D. Laing, os adoecimentos psíquicos são reações naturais às dificuldades que as pessoas encontram no "caminho da vida". Ele argumentava que, sob certas circunstâncias, é saudável as pessoas se comportarem de forma "insana".

DIFICULDADES DA VIDA
Laing argumentava que os psiquiatras deviam dar aos pacientes o tempo e a compreensão de que eles precisam para superar as dificuldades.

REAÇÕES NATURAIS

O movimento antipsiquiatria começou nos anos 1960, em oposição a várias práticas psiquiátricas, incluindo a de deter pessoas em manicômios. Seus apoiadores também criticavam o uso de várias formas de neurocirurgia, que, eles argumentavam, prejudicavam as pessoas para torná-las dóceis. R. D. Laing, uma figura-chave (embora controversa) do movimento, acreditava que a maioria dos transtornos mentais são na verdade reações naturais que as pessoas têm em situações intoleravelmente estressantes. Ele alegava que até os sintomas graves, como a psicose (p. 108), são parte do processo de superar circunstâncias difíceis em direção a um estado saudável.

IDENT

E

DIFER

IDADE

ENÇA

Em contraste com os psicólogos sociais (p. 66-85), os pesquisadores que estudavam a psicologia da diferença decidiram identificar e examinar as características específicas que nos distinguem como indivíduos. No início, o trabalho se focava na inteligência, que é até certo ponto mensurável (ao contrário, por exemplo, da personalidade). Entretanto, conforme o campo se desenvolveu, ficou claro que há muitos tipos diferentes de inteligência. De forma similar, os psicólogos abandonaram a prática de classificar personalidades como "introvertida" ou "extrovertida" e introduziram um novo sistema com base em um escopo maior de traços e características de personalidade.

TRAÇOS CARDINAIS

Esses traços dominam e tendem a definir um indivíduo, como ser altruísta ou maquiavélico.

> "A personalidade é menos um produto inacabado e mais um processo transitivo."
>
> Gordon Allport

TRAÇOS SECUNDÁRIOS

Esses traços só são manifestados em situações específicas, como agir na defensiva quando sob pressão.

TRAÇOS CENTRAIS

Essas são características generalizadas que descrevem a personalidade básica de uma pessoa, como ser tímida ou inteligente.

CARACTERÍSTICAS HUMANAS

Desenvolvida por Gordon Allport nos anos 1930, a teoria dos traços sugere que a personalidade é formada por características especiais, ou "traços", que são uma culminação de padrões de comportamento, pensamento e emoção. Os traços são manifestados em graus variados, mas permanecem consistentes ao longo do tempo, e os teóricos dos traços se concentram em identificá-los e medi-los. Allport organizou esses traços em uma hierarquia de três camadas: traços cardinais, traços centrais e traços secundários. Ele argumentou que nossa personalidade é determinada pela genética, mas pode ser influenciada pelo ambiente, o que a torna única para cada indivíduo.

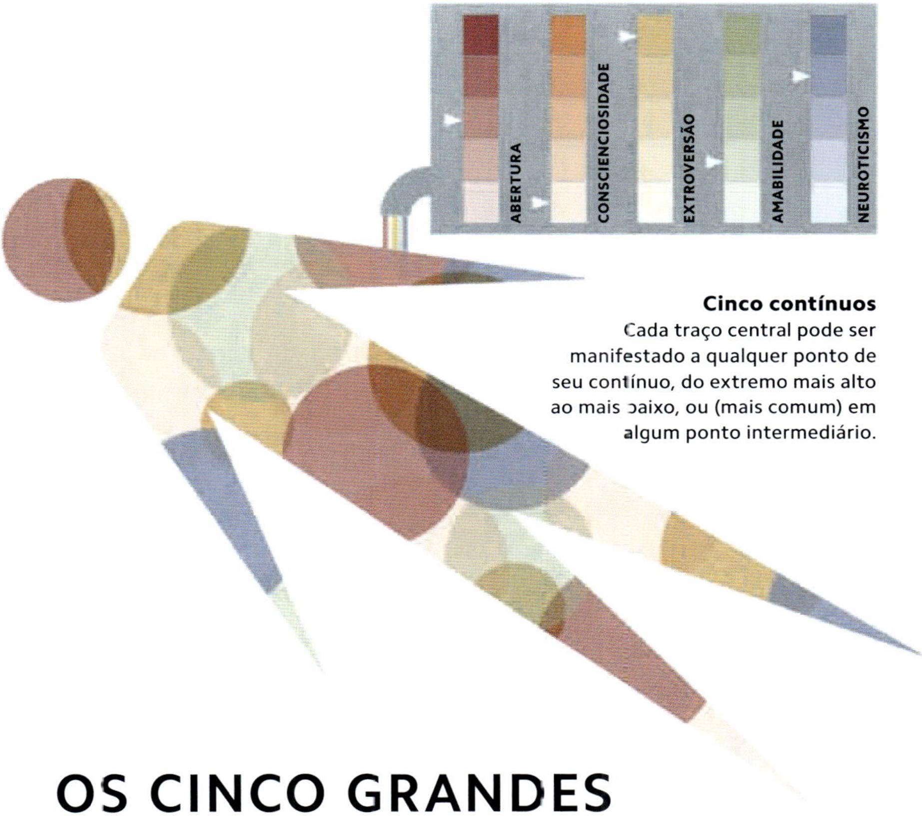

Cinco contínuos
Cada traço central pode ser manifestado a qualquer ponto de seu contínuo, do extremo mais alto ao mais baixo, ou (mais comum) em algum ponto intermediário.

OS CINCO GRANDES

Desde os anos 1950, os psicólogos de personalidade estão refinando um modelo conhecido como modelo de cinco fatores. Ele propõe que a personalidade de um indivíduo é formada por cinco traços amplos. A abertura é a disposição para tentar novas experiências. A conscienciosidade é o grau em que conseguimos ser organizados e disciplinados. A extroversão se refere à sociabilidade e à assertividade. A amabilidade é a extensão em que nos conectamos com outros. O neuroticismo se refere à habilidade de regular emoções. Os cinco traços são evidentes em grupos de diferentes culturas, etnias, idades e gênero, mas cada indivíduo expressa seus traços de forma única.

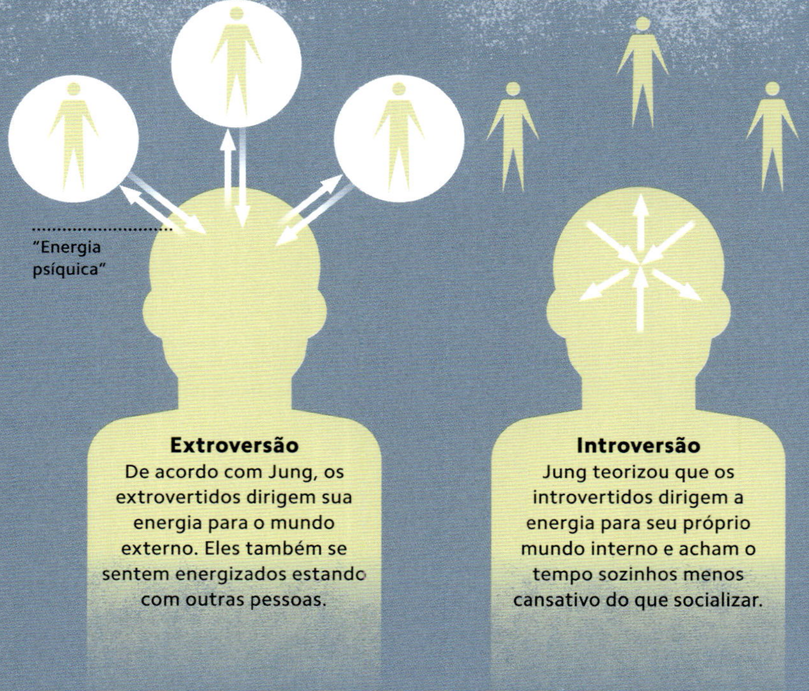

FONTES DE ENERGIA

Carl Jung (p. 28) foi um dos pioneiros da psicologia da personalidade e questionou por que pessoas diferentes têm traços de personalidade diferentes. Jung identificou dois tipos de personalidade principais, "introvertido" e "extrovertido", que ele definiu em termos do que chamava de "energia psíquica". Ele argumentou que os introvertidos dirigem essa energia para dentro, e assim são de natureza mais reflexiva e preferem ficar na deles. De forma contrária, ele alegava que os extrovertidos dirigem a energia para fora e por isso são mais sociáveis, mais solícitos e mais dispostos a ter novas experiências.

TESTE DE PERSONALIDADE

Os psicólogos usam o que é conhecido como teste psicométrico para medir a inteligência, as atitudes, o comportamento e a personalidade de uma pessoa. Existem dois tipos principais de testes de personalidade: testes objetivos, em que uma pessoa "autorrelata" respostas a perguntas padronizadas; e testes projetivos, em que um examinador relata como uma pessoa reage a estímulos ambíguos, como uma mancha Rorschach (p. 27), e avalia seus pensamentos inconscientes e suas emoções. Os empregadores às vezes usam testes objetivos de personalidade para avaliar se um potencial funcionário é adequado para uma posição.

PROJETIVO

Durante um teste projetivo, um examinador analisa as respostas de uma pessoa a palavras ou imagens ambíguas. Isso pode oferecer entendimento sobre os pensamentos e sentimentos inconscientes da pessoa.

OBJETIVO

Os testes objetivos são criados para excluir interpretações enviesadas da parte do examinador. A pessoa pode responder às perguntas em particular, por escrito.

FLUIDA E CRISTALIZADA

A teoria de Cattell-Horn foi desenvolvida nos anos 1960 por Raymond Cattell e John Horn. Eles propuseram que a inteligência geral tem dois aspectos: a inteligência fluida (lógica) e a inteligência cristalizada (conhecimentos adquiridos). Essa teoria ofereceu uma base abrangente para o entendimento da cognição e contribui para a pesquisa atual sobre inteligência. Várias crenças de Cattell, mais controversas, foram amplamente criticadas, como a proposta de que testes de inteligência poderiam ser usados para criar uma população evolutivamente "superior" com a eliminação daqueles de inteligência "menor", por meio do controle de natalidade, por exemplo.

Inteligência fluida
Capacidade de pensar e resolver problemas de forma abstrata, sem depender de aprendizado e experiências anteriores.

Inteligência cristalizada
Para Cattell, é a capacidade de usar conhecimento adquirido previamente e se desenvolver a partir de aprendizado e experiências anteriores.

Inteligência geral
Cattell considerava a inteligência geral e a capacidade cognitiva como sendo o ápice da inteligência fluida e da inteligência cristalizada.

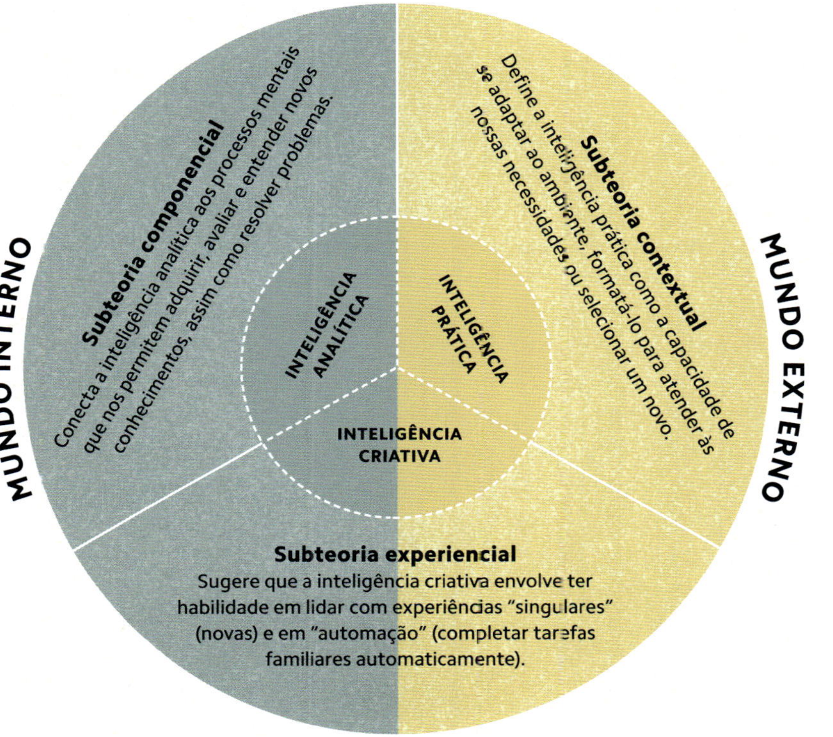

TRÊS INTELIGÊNCIAS

Em 1985, Robert Sternberg elaborou uma teoria de inteligência alternativa em oposição à teoria de Cattell-Horn (p. 146), que era baseada em testagem psicométrica (p. 145). Sternberg acreditava que a inteligência não é definida apenas por capacidade acadêmica, mas também pela criatividade e adaptação ao ambiente. Ele propôs que há três tipos de inteligência: prática, criativa e analítica. Conhecido como teoria triárquica da inteligência, o modelo de Sternberg se baseia em três "subteorias", cada uma relacionada a um dos três tipos de inteligência.

MEDINDO A CRIATIVIDADE

Nos anos 1960, Ellis Paul Torrance desenvolveu um conjunto de métodos para testar a criatividade de uma pessoa, conhecido como teste de pensamento criativo de Torrance (TTCT). Torrance pretendia identificar um nível de criatividade (normalmente em crianças), e assim obter entendimento dessa criatividade para desenvolvê-la ainda mais. Os testes avaliam os indivíduos apresentando desafios usando palavras ou imagens, como pensar em usos diferentes para um objeto. Eles avaliam o quanto as respostas de uma pessoa são flexíveis, além da variedade de ideias, originalidade e detalhes fornecidos.

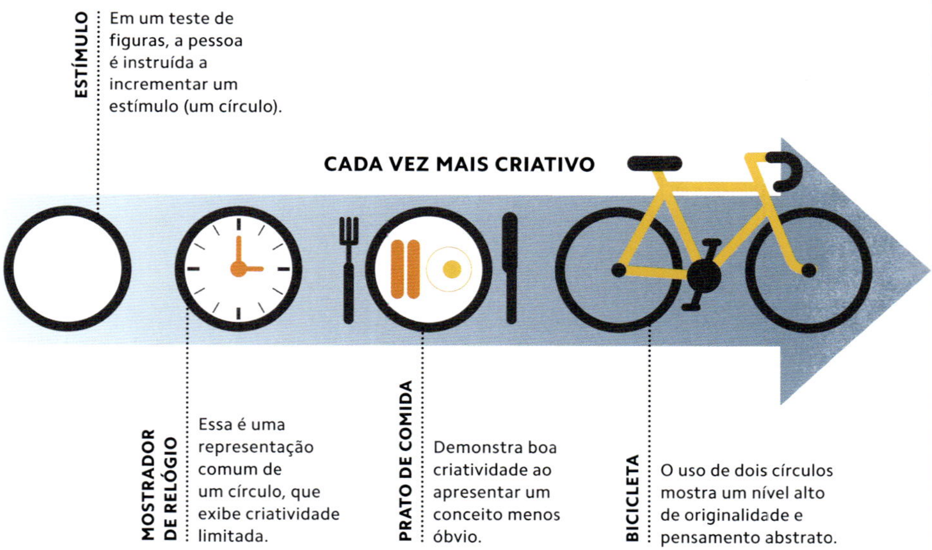

MOTIVADORES

Desenvolvendo o trabalho de Abraham Maslow (p. 38), David McClelland, nos anos 1960, argumentou que as pessoas são motivadas por três necessidades: realização, poder e afiliação. Ele acreditava que cada uma dessas necessidades está presente em todos nós, independentemente de gênero, raça, idade ou cultura. Entretanto, ele também sugeriu que necessidades são aprendidas, ou seja, que nosso motivador principal depende da cultura e das experiências de vida. Em ambientes de trabalho, líderes às vezes usam a "teoria das necessidades adquiridas" para entender o que motiva os funcionários a fim de melhorar o desempenho.

Conforme crescemos, começamos a obter um entendimento das nossas identidades: uma sensação coerente de quem somos ao longo do tempo, refletida por padrões em nosso comportamento e em nossas interações sociais. Nos anos 1960, Erik Erikson argumentou que a identidade começa a se formar durante a adolescência, e que o processo continua na velhice (p. 50-51). Muitos psicólogos acreditam que a personalidade é a base da identidade, mas que valores, objetivos e crenças também são importantes, assim como fatores como raça, gênero, deficiências, status socioeconômico, religião e cultura.

QUEM SOU EU?

> "Na selva social da existência humana, não há sentimento de estar vivo sem um senso de identidade."
>
> Erik Erikson

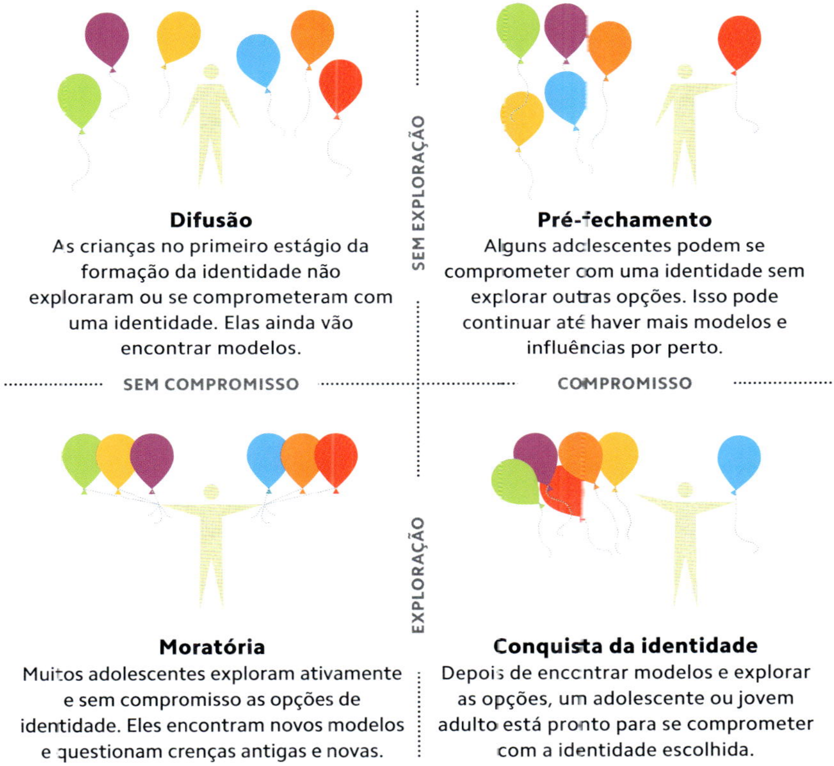

EM BUSCA DE UMA IDENTIDADE

Em 1966, James Marcia teorizou que modelos de comportamento oferecem aos adolescentes exemplos de sistemas de crenças e ideologias. Ele propôs que passamos por quatro estágios progressivos de desenvolvimento de identidade conforme escolhemos com que crenças nos comprometer (embora nem todos os adolescentes passem por todos os estágios). A progressão para um novo estágio pode ser motivada por uma crise, na qual reavaliamos crenças e objetivos.

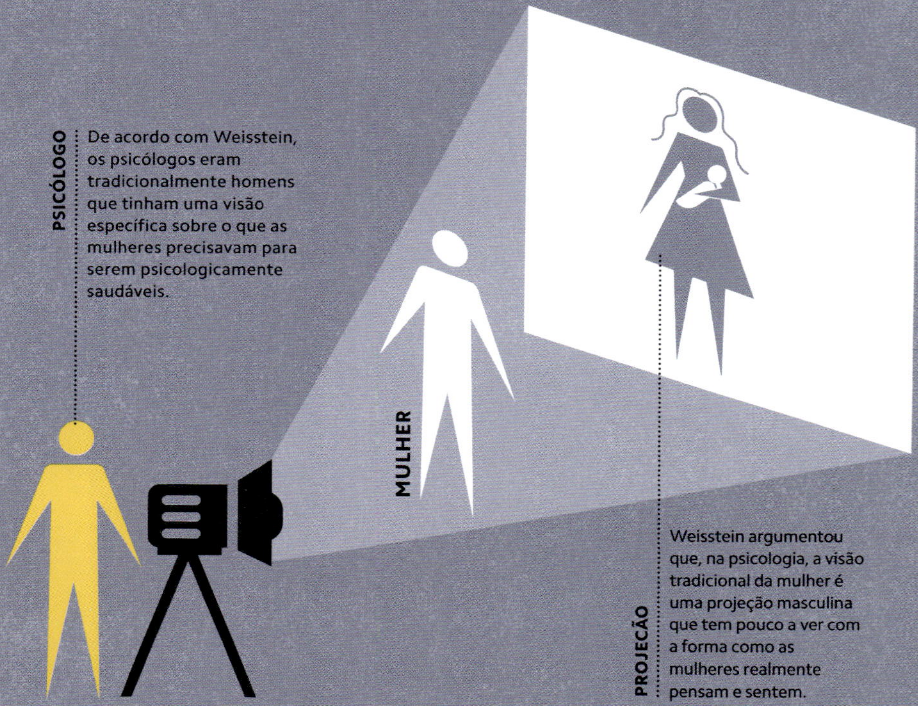

VIÉS MASCULINO

Nos anos 1970, Naomi Weisstein levantou perguntas importantes sobre como os psicólogos viam as mulheres e suas identidades. Weisstein argumentou que os psicólogos deixaram de reconhecer que a identidade de uma pessoa não é só determinada pelos genes, mas também formatada pelo ambiente, que pode ou não as encorajar a desenvolverem seu verdadeiro potencial. Com isso, ela desafiou a abordagem freudiana (p. 22-29), que apresentava as mulheres como sendo movidas quase exclusivamente pela necessidade de se casarem e terem filhos.

PSICOLOGIA AFROCÊNTRICA

Linda James Myers concebeu a psicologia africana nos anos 1980, em resposta a necessidades de saúde mental de pessoas afrodescendentes. Myers argumenta que essas necessidades nem sempre são atendidas pelas psicoterapias convencionais, e que os psicólogos ocidentais não podem ajudar com muitos problemas de saúde mental porque não reconhecem que os humanos são fundamentalmente seres espirituais e parte de uma comunidade. Ela propõe o que chama de abordagem "ideal": encorajar os indivíduos a abraçarem suas tradições espirituais – das quais podiam não estar cientes ou que podiam ter abandonado – e sua interconectividade com a natureza e uns com os outros.

Ideal
Para Myers, o estado "ideal" de existência é aquele em que reconhecemos que estamos todos conectados: uns com os outros, com a natureza e com o divino.

Subideal
Myers propôs que o estado "subideal" de existência é aquele em que vemos a nós mesmos e ao mundo como um conjunto de partes individuais, sem relação.

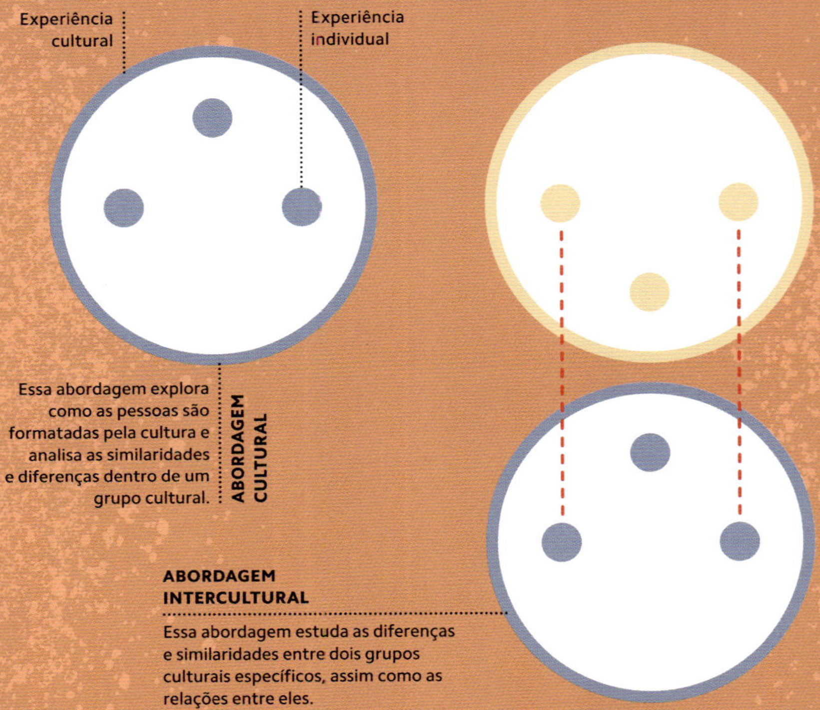

MENTES E CULTURAS

Os psicólogos multiculturais estudam como as diferenças culturais podem influenciar a forma como funcionamos na sociedade. Eles defendem a necessidade de considerar essa influência na teoria e na pesquisa, argumentando que é vital para entender a psicologia de experiências humanas universais e culturalmente distintas. Os psicólogos socioculturais compartilham dessa visão e acreditam que comportamento e capacidades cognitivas são formatadas por influências culturais. Eles alegam que, ao levar essas influências em consideração, o trabalho dos psicólogos irá se tornar mais inclusivo e representativo de todas as comunidades.

Experiência multicultural

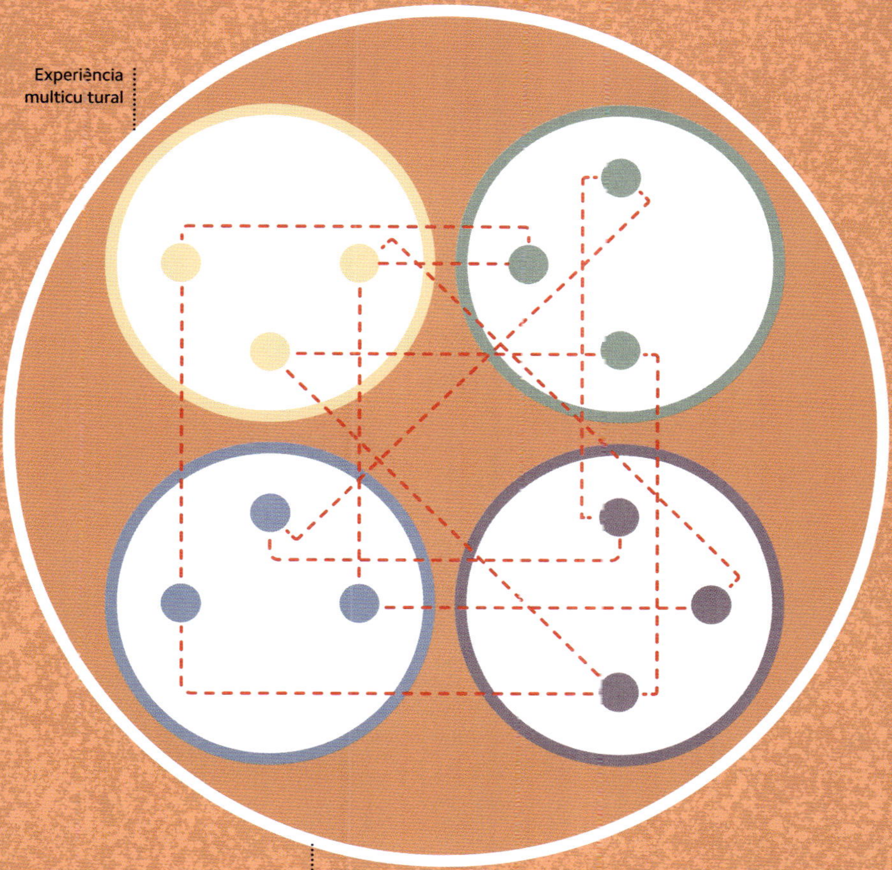

ABORDAGEM MULTICULTURAL

Essa abordagem estuda variáveis como raça, religião e etnia. Os pesquisadores consideram as diferenças e as similaridades entre muitos grupos culturais e como eles se relacionam uns com os outros.

> **"Uma perspectiva centrada na cultura vai fortalecer a relevância e aplicabilidade da psicologia."**
> Paul B. Pedersen

ÍNDICE

Números de página em **negrito** se referem a verbetes principais.

D

E

F

G

H

I

J

K

L

M

N

O

P

AGRADECIMENTOS

A DK gostaria de agradecer às seguintes pessoas pela ajuda com este livro: Phil Gamble, Daksheeta Pattni e Vanessa Hamilton pelas ilustrações; Alexandra Beeden pela revisão; Helen Peters pelo índice; Mind's Lived Experience Leaders; Bethan Crisp, Alex Farines, Lewis Fewtrell, Julie Francis, Chloë Emily Fraser, Emma Harris, Dee Hudson, Amanda Joyce, Rebecca Myatt, Claire Simpson, Debs Smith e Phoebe Stewart pela revisão técnica; designer de capa sênior Suhita Dharamjit; designer de editoração eletrônica Harish Aggarwal; coordenadora editorial de capas sênior Priyanka Sharma.